動起來！

重寫人生劇本的15個習慣

目標導向×執行優先×智慧理財……

一套改變習慣的訓練法，終結拖延、建立節奏，

打造持久有效的行動力系統

林承澤 著

◎方向錯了，再怎麼努力也只是更快迷路
◎沒有人天生就自律，他們只是懂得開始
◎改變命運不用靠奇蹟，只需養成好習慣

不是一夜翻身，是每天一小步的扎實改變
讀完這本書，讓你找到每種想變好的方法

目錄

- 前言 …………………………………………… 005
- 習慣一　立定志向 …………………………… 007
- 習慣二　自信為本 …………………………… 021
- 習慣三　拒絕猶豫 …………………………… 037
- 習慣四　主動出擊 …………………………… 055
- 習慣五　勤勤懇懇 …………………………… 071
- 習慣六　學習不止 …………………………… 087
- 習慣七　樂觀進取 …………………………… 101
- 習慣八　把握當下 …………………………… 115
- 習慣九　精準思維 …………………………… 129
- 習慣十　釋放壓力 …………………………… 145

目錄

習慣十一　強身健體…………………………………165

習慣十二　周全規劃…………………………………185

習慣十三　智慧理財…………………………………205

習慣十四　合作共贏…………………………………221

習慣十五　愛你所做…………………………………237

前言

　　心理學長久以來指出，習慣是我們行為背後最強大的推手。人類每日的選擇與行動中，有高達九成以上是由既有的習慣所驅動，而非即時的意識決定。這也解釋了為何一個微小的習慣，能夠長期地塑造一個人的性格與命運。

　　從行為科學的角度來看，只要經過約3週的重複練習，一個新的行為就可能逐漸轉化為習慣；若持續3個月以上，這個習慣便會變得相對穩定。這不僅說明了習慣的形成機制，也凸顯了「有意識地選擇好習慣」的重要性。

　　曾獲美國心理學會終身成就獎的神經心理學家拉里・斯奎爾（Larry Squire）指出，大腦中掌管習慣的基底核（basal ganglia）在習慣養成後會自動啟動相關行為，甚至在人刻意改變之前，都可能不自覺地被舊有模式牽著走。習慣，就像看不見的繩索，輕輕地綁住我們的行動與選擇方向。

　　許多動物訓練中的例子，更加深了我們對習慣力量的理解。像是泰國的大象，幼年時期被細鏈拴住，久而久之即使長大成年，僅憑同樣的鏈條也不會掙脫；又如在人工飼養下的雛鷹，若從小與雞群為伍，久了竟也不曾試圖展翅高飛。這些行為都不因天賦限制，而是源自長期累積的習慣經驗所致。

前言

　　好習慣可以讓人成為更好的自己，壞習慣則可能將人生導向失控的方向。它們看似微不足道，卻在無聲無息中影響我們的選擇與判斷。當我們堅持一項正向行為，從最初的刻意努力，到後來的自然而然，便能建立起一種支撐人生的內在力量。

　　若我們訓練自己，養成正向的思考與行動模式，就能像蝴蝶破繭而出般脫胎換骨。在邁向成功的道路上，真正的轉捩點，往往不是一時的突破，而是那些我們每天選擇去做、並持之以恆的好習慣。

ous
習慣一
立定志向

> 一艘失去方向的船,即使再堅固,也只能隨波漂流;一個缺乏目標的人,即使才華洋溢,也可能困在迷惘的海域。人生若無明確的志向與規劃,容易淪為時間的浪費者、機會的錯過者,終日忙碌卻無所成就。唯有當一個人心中清楚知道自己想走向哪裡,才能調動內在資源,發揮出潛藏的力量,堅定而持續地走在通往理想的道路上。

習慣一　立定志向

1. 方向清晰，行動才有力量

無論人生的目標是職涯成功、自我成長、財務自由或心靈平衡，只有當它被具體地定義、明確地描繪，我們的行動才有憑依。模糊不清的目標會使人缺乏動力，就像一場比賽沒有終點線，奔跑自然也失去了意義。心理學研究顯示，大腦的目標導向系統會被清晰具象的圖像所觸發，這也說明了為何寫下願望、明確目標，是啟動實踐力的第一步。

成功者之所以與眾不同，並非他們天賦異稟，而是他們從不讓自己在沒有指標的旅途上徘徊。當目標一旦確立，它就像射手瞄準的靶心、長跑者衝刺的終點，不斷提醒我們，堅持的每一步都不是徒勞，而是在朝向理想靠近。

霧中看見終點，意志才能持續

1952 年夏天，美國泳將弗羅倫絲‧查德威克（Florence Chadwick）決定挑戰從加州聖卡塔利娜島游至本土海岸的壯舉，全程約 34 公里。她曾是第一位成功橫渡英吉利海峽的女性，意志堅定、體能過人。然而當天海面濃霧瀰漫，氣溫驟降，加上海水寒冷刺骨，查德威克游了超過 15 小時後，終於在筋疲力盡之際要求上船。令人惋惜的是，她距離終點只剩下約 800 公尺。

1. 方向清晰，行動才有力量

事後她說：「不是因為疲勞或寒冷讓我放棄，而是我看不到終點。」

兩個月後，她重返同一海域，這次雖然霧依舊濃密，但她在心中牢記終點位置，最終成功完成挑戰，並打破當時的紀錄。

這個故事提醒我們，即使具備實力與毅力，若目標不夠清晰，也可能讓人中途放棄。查德威克的經歷印證了：清晰的目標是持續行動的心理燃料。

目標並非一蹴可幾

人生目標並非與生俱來，而是在經歷、選擇與反思中逐步形成。我們常在一次次的嘗試與錯誤中，逐漸認清真正想追求的方向。當我們為自己設定一個具體而可行的目標時，即便無法保證百分之百成功，也大幅提升了達成機會。這個目標會成為生活的指引，在迷惘時提供方向，在低潮時給予動力，在疲乏時點燃熱情。

所以，不妨問問自己：此刻的你，是否知道人生要前往何方？是否願意為自己的未來描繪一個目標藍圖？唯有如此，才能在人生的長河中，不被潮流沖散，而是穩穩駛向理想彼岸。

習慣一　立定志向

2. 夢想引路，點燃人生可能性

每一項偉大的成就，起點幾乎都源自一個曾經看似遙不可及的夢想。夢想並不是空想，而是一種內在的渴望，它讓人在現實的重壓之下，仍願意選擇堅持。真正能夠支撐一個人穿越困境、突破瓶頸的，往往不是眼前的資源或機會，而是內心深處那個未曾熄滅的願景。

夢想是一種帶有方向的期待，是我們之所以願意努力、不願妥協的原因。它不一定立刻實現，甚至可能歷經漫長的等待與調整，但它會成為人生的重心，影響我們的選擇與行動，進而形塑未來。

不是運氣，而是決心

當一個人功成名就，人們常將之歸因於運氣、背景或機遇，卻忽略了背後那些沒被看見的努力。我們看見的，只是結果；但成功的本質，往往藏在無數日復一日的堅持裡。那些真正走過來的人，經歷過失敗與孤獨，付出過代價與掙扎，只因他們選擇相信自己的夢想，而不是等待命運的垂青。

成功不是巧合，而是一連串選擇的總和。夢想之所以珍貴，不只是因為它能夠讓人看見未來，更因為它能點燃當下的行

2. 夢想引路，點燃人生可能性

動力。那些不願面對努力的人，總會將別人的成就簡化為「好運」，卻不知真正的改變來自於面對困難時仍不放棄的勇氣。

一個夢想的轉化

索馬利亞出生的華莉絲・迪麗（Waris Dirie），童年時期曾經歷女性割禮，並在 13 歲那年為了逃離被迫婚姻，獨自穿越沙漠，最終輾轉抵達倫敦，依靠在速食店和家庭打工維生。雖身為難民，她從未放棄對新生活的嚮往。

命運的轉捩點出現在 1987 年，當時她被知名攝影師發掘，從此踏入時尚圈。短短幾年間，她成為 90 年代最具代表性的非洲模特兒之一，為眾多國際品牌代言，也登上多本時尚雜誌封面。

然而，讓她真正被世界記住的，並非華服與鎂光燈，而是她在高峰時毅然離開伸展臺，選擇以親身經歷投身人權運動。

她於 1997 年被任命為聯合國消除女性割禮親善大使，並創立「沙漠之花基金會」（Desert Flower Foundation），致力於終結女性割禮、童婚與性別暴力等問題。至今，該基金會已協助數萬名女性重建生命尊嚴。

華莉絲曾說：「我不想只是一個倖存者，我要為無法發聲的人發聲。」她的夢想，從「逃出生天」轉化為「讓更多人擁有明天」，她所代表的不只是個人的奇蹟，更是一種跨越文化與創傷的堅定信念。

習慣一　立定志向

將夢想化為行動

夢想若只是空想，終將消散；但當我們願意為它設定方向、制定計畫、持續前行，它便會轉化為現實的力量。我們的夢想，決定了我們會走多遠，也影響著我們成為什麼樣的人。那些在人生旅途中持續向夢想前進的人，總能在過程中感受到成長的喜悅。

因此，請相信自己心中那個不斷閃耀的想法，不論此刻的處境多麼不理想，只要你不放棄，它就不會消失。夢想是所有成就的起點，是人生走得更遠的引擎。

3. 失焦行動，終將迷失

當一個人不知道自己該往哪裡去時，最終到達的，就往往不是他想要的地方。這並不是空泛的哲理，而是人生中反覆上演的真相。若缺乏明確方向，我們所有的努力與奮鬥，可能都淪為徒勞的循環。

心理學中曾有一個著名的現象觀察：當行為僅依賴習慣與模仿，卻沒有明確目標時，人類與動物一樣，容易陷入重複無意義的模式之中。有些行為看似有序，實則只是對過去的機械反射。這類行為之所以無法產生成果，不是因為不努力，而是因為失去了方向感。對於個體而言，若無外在參照或內在驅動，

3. 失焦行動，終將迷失

即使周圍充滿機會，也可能因未曾「停下來思考」而與它們擦身而過。

人生若沒有目標，就無從談起方向與進步。我們自孩提時期開始，模仿他人學走路、學說話，這些學習雖未經思考，卻本能地帶有一種「渴望成長」的目標感。這說明了，即便在無意識中，人也總是朝向某個方向前進，因為目標是本能的動力來源。

而目標的缺席，不僅使人失去前進的動能，也可能影響生理與心理的狀態。美國有研究發現，男性在退休後的平均壽命顯著下降，原因在於當人脫離熟悉且富有意義的工作角色後，若未建立新的生活重心，生命感便會迅速流失。在療養院中，許多高齡者為了再過一次生日、再見一次親人而撐過重病期；然而，當這些「小目標」實現後，死亡率也會相應上升。這一切都在說明，人需要一個理由活著，而目標正是這個理由最穩定的形式。

一個目標不必偉大，但它需要真實。無論是追求精神理想，還是實現現實成就，重點不在於其崇高與否，而在於它是否足夠明確，是否能成為我們每日行動的核心。當思想聚焦於一個具體的目標時，我們會更容易抗拒誘惑，減少猶豫，更有意識地管理情緒與時間。即使過程中跌倒了，也比原地踏步或漫無目的前行來得有意義，因為跌倒的方向還是朝向目標。

當下若尚未準備迎接宏大的理想，那就先把眼前的任務做到極致。把小事做到準確，便是建立意志與專注的第一步。待

013

習慣一　立定志向

時機成熟，我們自然會有足夠的清晰與力量，擁抱更大的挑戰。

現代人往往困在選項過多的焦慮中，過度在意外界的聲音，結果反而遠離了內在的需求。我們習慣問：「我應該做什麼？」卻很少問：「我真正渴望的是什麼？」當他人的期待凌駕於自己的意願之上，我們容易將別人的成功模式誤認為自己的方向。但事實上，**真正的成就與滿足感，來自你為自己設定的目標，而不是社會為你定義的成功。**

更棘手的是，即使是自己的欲望，也可能因時間與環境而變化。那些曾經我們渴望得到的東西，在得到後卻發現早已失去意義。這不是目標的錯，而是我們從未停下腳步重新思考過自己真正的需求。若連我們自己都說不出想要什麼，又怎麼能期待生活給出滿意的答案？

所以，在急著開始努力之前，不妨先花時間了解自己。找到那個能讓你甘願努力、甚至甘於挫敗的方向。當你確定了目標，整個人生便不再只是盲目的勞動，而是充滿意義的旅程。

4. 擘劃未來，從目標開始

你所過的人生，正是你所選擇的方向所導致的結果。沒有任何人能為你規劃未來，除了你自己。若將生命比喻為一艘航行中的船，那麼設定目標便是掌握舵輪的關鍵。方向既定，即使

4. 擘劃未來，從目標開始

風雨飄搖，終究會靠岸；若無目標，只能任憑潮流載沉載浮，最終迷失於茫茫海域。

心理學長期強調「目標設定理論」(Goal-setting Theory)對個人成就的重要性。研究發現，明確且具挑戰性的目標能顯著提升動機、專注與行動效率。與其將目標視為壓力的來源，不如將它視為能夠組織內在資源、強化自我價值感的重要工具。

長期追蹤研究也指出，那些具備清晰長期目標的人，往往在人際關係、財務、自我實現等方面表現更佳。而目標模糊或毫無目標的人，則易陷入倦怠、拖延與自我否定之中。簡而言之，你選擇什麼樣的目標，就預示著你將會擁有什麼樣的人生軌跡。

彈性思維，讓目標轉為可能

不少人總說「計畫趕不上變化」，因此乾脆放棄計畫。這樣的心態看似務實，實則是對「規劃」一詞的誤解。計畫從不意味著僵化不變，而是一種因應變動而調整方向的能力。關鍵不在於是否發生變化，而在於是否具備彈性應對變化的策略。

真正有效的規劃，從來不是「只有一條路」。就像從臺北前往高雄，搭高鐵、坐火車、開車、甚至步行，皆可到達。選擇愈多，失誤的空間就愈小。因此，擬定多元方案不只是務實，更是成功的重要前提。

習慣一　立定志向

　　許多人在面對挫折時感到無所適從，其根本原因並非能力不足，而是原先只準備了一種方法。一旦這套方法失效，便陷入停滯。若能在初始就擬定備案，便能在關鍵時刻快速轉軌，保持前進。

　　此外，目標的達成需要定期檢視與修正。目標不等於終點，而是一連串進程的導向指標。學會調整計畫而不動搖初衷，是現代人應具備的核心能力之一。

價值為核，目標才有力量

　　真正有力量的目標，必須與內在價值一致。若一個人追求的目標與他所相信的原則背道而馳，那麼再大的成就也不過是一場虛耗。我們的價值觀不僅塑造行為模式，也深深影響我們對成就的定義與滿足感的來源。

　　目標一旦扎根於價值核心，就能激發持續的行動力與深層的成就感。每跨過一個小里程碑，都會強化自信與自尊，也讓人對自己更加篤定。而這股正向循環，正是讓人從目標走向成果、再從成果回饋信念的過程。

　　要打造一個具有持久意義的目標，不僅要明確，更要深思：這個目標是否真正呼應我的內在信念？是否能在我付出行動的同時，讓我感受到價值的實踐與自我的尊重？

目標是探索而來的

沒有人天生就知道自己要追求什麼。目標的產生來自經驗的累積、反思的深化與現實的磨練。在人生旅途中,我們不斷地試探、碰撞、調整,才慢慢找到真正屬於自己的方向。

許多人對未來懷有憧憬,卻始終未曾具體化,於是隨時間流逝而模糊。這時,設定可實行的短期目標就是關鍵。正如長跑選手不會盯著終點不放,而是逐一跨越每個看得見的轉角,前行才會更穩定、可控。

目標的本質,不是一次性的決定,而是不斷探索與修正的過程。人生中的每一次轉彎與突破,都是在與現實交手後產生的新定位。當我們勇於面對變化、擁抱可能,才會在不確定的世界中找到穩固的自我,也讓生活不只是存活,而是充滿意義的實踐。

5. 目標對了,事半功倍

人生的目標若選錯方向,即使再努力,也可能徒勞無功。目標不是越大越好,也不是越遠越夢幻,而是要契合個人能力、條件與價值觀。選擇錯誤的方向,會讓人耗盡力氣卻原地打轉;反之,選擇適合自己的目標,將能激發動力、減少阻力,

習慣一　立定志向

在過程中獲得更深的成就感。

人們常陷入一種錯覺：以為有夢想就足夠，卻忽略了「夢想與現實的銜接點」才是真正關鍵。心理學中稱之為「效能預期」（efficacy expectations），也就是人對於自己能否完成某個行動的信心來源，這往往與是否「選對方向」密切相關。目標不該只是鼓舞人心的標語，更要能轉化為行動力。

從挫敗中轉身的堅持者

2017 年，美國知名設計師珍娜・里昂（Jenna Lyons）離開了她一手重塑的品牌 J.Crew，結束了近三十年的職涯篇章。當時不少人認為，這位將美式休閒打造成摩登經典的時尚女將，可能就此從產業舞臺淡出。

面對這場職涯巨變，里昂斯並未急於轉行或重啟大型計畫，而是選擇慢下腳步，重新審視自己的熱情與優勢。她以小型創意顧問案重新出發，並於 2020 年推出個人品牌 LoveSeen——一個專注於「自然風格假睫毛」的美妝品牌。不同於主流濃密、戲劇化的風格，LoveSeen 強調包容不同眼型、膚色與年齡的使用者，提供貼近真實生活的美感選擇。

這次創業，里昂不再追求時尚產業的極速擴張，而是回到自己真正關注的價值上。她說：「我不想只是重複過去的成功，而是做一件我真正相信的事。」

她的轉型過程,雖不像從前般風光,但正因為選擇了更貼近自身理念與節奏的方向,她才能穩健地重新建立品牌與自我。這個故事提醒我們:選擇正確的方向,往往不是看誰走得快,而是看誰走得對。

選擇合適的目標,需要兼顧興趣、能力與現實條件,而不是盲從社會期待或市場風向。

選對戰場,發揮所長

設定目標時,應將注意力放在幾個關鍵面向:

(1) 興趣:熱情是持久動力的根源。只有真正熱愛的事,才能促使我們持續投入、不懼失敗。

(2) 資源:包括金錢、人脈與時間。沒有資源的支持,理想容易變成負擔。

(3) 優勢:選擇能發揮長處的目標,才能發揮最大效能,避免陷入力不從心的泥沼。

(4) 需求:一個目標若能呼應市場或社會需求,才更有被實現的可能與價值。

在這個變動劇烈的時代,不變的是「要適合自己」。一個錯誤的目標會讓人越走越累,而一個適切的方向,則能讓人越走越清楚。當人生遇到風浪時,正是那個經過審慎選擇的目標,像燈塔般指引你穿越黑夜。

習慣一　立定志向

習慣二
自信為本

人若不能信任自己，便難以讓他人信任你。自信不是天生的傲慢，而是一種經過認識自我之後產生的內在肯定。老子曾言：「自知者明，自勝者強。」能看見自己，才有能力駕馭人生的方向。而能堅信自己，才能面對風浪不退，跨越困難不怯。

自信，不只是情緒上的鼓舞，它是每一個成功起點背後的精神支柱。它能讓一個人在失敗之後重新站起，也能讓人在平凡之中堅持卓越。如果缺乏對自己的信任，即使條件具備、機會出現，也可能錯失良機。

習慣二　自信為本

1. 學會相信自己

在東歐某座城市，一位中年男子原本經營著一間小型的手工家具工作坊。經濟衰退導致訂單銳減，最後他不得不關掉店面，變賣器材，一度連房租都無法負擔。他選擇離開城市，回到郊區母親的老家暫時棲身，生活變得極度窘迫。

某天，他在閣樓整理老舊物品時翻出一本自己年輕時收藏的筆記本，裡頭記錄著他對設計的熱情與初創業時的理想。他重新翻閱這些內容，內心竟湧現久違的悸動。他開始每天花時間在村裡的小木工房製作模型，並用手機拍攝作品，慢慢地將圖片上傳到社群平臺。

數月後，他意外接到一位歐洲設計雜誌的編輯私訊，邀請他接受訪談。從那天起，他不再懷疑自己曾經失敗的經歷，而是重新相信那個有熱情、有眼光的自己。他的訂單逐漸穩定，甚至開設了遠距線上課程，幫助其他喜歡木工的人也能獲得指引。

這段經歷不是關於財富的奇蹟，而是關於一個人如何從內心深處找回信心的過程。他並不是名人，但他是一個曾經放棄、卻又靠自信與堅持重返生活舞臺的普通人，而這樣的例子，正是最令人敬佩的自我勝利。

1. 學會相信自己

內在信念,勝於外在條件

有些人誤以為成功是來自過人的條件或環境,卻忽略了,真正能決定一個人能否走得遠的,是他如何看待自己。心理學研究早已證實,自信與成就之間高度相關。持有「成長型思維」(growth mindset)的人,即便在面對困難時也能保有希望與行動力,最終更可能實現目標。

信心,並非與生俱來的天賦,而是一種能被培養的習慣。它來自一次次對挑戰的正面回應,也來自對錯誤與不完美的接納。當一個人相信自己可以改變、可以成長時,他自然會散發出一種堅定的力量,吸引機會靠近,創造轉機發生。

培養自信的幾種實用方式

(1) 從每天的態度開始:每天起床時,先對自己說一句肯定的話語,例如「我值得擁有美好的一天」。這樣的語言會潛移默化地影響情緒與行為選擇。

(2) 身體語言先行:走路時抬頭挺胸、眼神穩定,不只是表現自信,更能反過來強化自我感覺,讓人更有掌控感。

(3) 放下完美主義:允許自己犯錯,並從中學習,是自信的基礎。完美主義會讓人因害怕失敗而遲遲不敢開始。

(4) 強化內在語言:遇到困難時,不說「我不行」,而說「我會找到方法」。內在語言的轉變,能夠在關鍵時刻帶來行動的勇氣。

習慣二　自信為本

(5) 關注自己的成長：定期回顧自己這段時間學到什麼、克服了什麼，比起與他人比較，更能穩固自我肯定。
(6) 建立有支持感的環境：與能鼓勵你、理解你的人相處，能讓你的自信更穩固，避免陷入自我懷疑的惡性循環。

　　一個人若能堅定地相信自己，即使沒有別人鼓掌，也能繼續舞動。在人生的舞臺上，自信永遠是你最亮眼的服裝。

2. 信念萌芽

　　沒有信念的滋養，理想的幼苗難以存活於現實的風霜之中。當我們確定了正確的方向，那麼最需要培養的，便是那份對自己深信不疑的心態。信心，並非突如其來的情緒，而是反覆練習後形成的一種心理習慣。

　　每個人對信念的理解都不同，有人每天換一個目標，只求安穩過日；也有人一生只擁抱一個信念，願為之投注全部心力。真正能夠在逆境中挺身而出的，往往是那些擁有長期堅持信念的人。當四周皆沉寂，唯有心中的信念還在發光，才能支撐我們繼續走下去。

　　安德魯‧卡內基（Andrew Carnegie）曾說：「替自己立下一個信念，它將扶持你的理想前行。」任何偉大的成就，幾乎都不是一帆風順的產物，而是無數次遭遇挫敗後，仍選擇繼續的結果。

2. 信念萌芽

平凡中的堅持，才是真正的信念

有位年輕人自大學畢業後，進入一家新創公司當實習生。他的收入微薄，職務也不受重視，許多人都勸他早點轉行。但他心中始終有個清晰的信念：有一天，他要自己創辦一家影像製作公司，專門替本地品牌說好故事。

四年來，他白天工作、晚上學習剪輯與劇本創作，假日到各地拍攝紀錄短片。他曾因器材老舊被嘲笑，也曾在案子失敗後陷入低潮，但每一次的挫折都讓他更堅定。終於，他在2020年成立了自己的製作公司，專注於永續議題與地方創生。兩年後，他的團隊獲得國際設計大獎，合作對象從在地文創品牌拓展到全球知名企業。

他的成功來自不斷堅持那個「只有他自己相信」的念頭，也來自那份從不懷疑自己的自信心。

從退役到東山再起

丹麥自行車選手馬蒂亞斯‧斯克耶爾莫斯（Mattias Skjelmose）在青少年時期就被視為明日之星，卻因2018年在國際賽事中被檢測出使用禁藥，遭遇為期十個月的禁賽處分。對一個剛起步的年輕選手來說，這幾乎等同於宣判生涯終結。

但斯克耶爾莫斯選擇不為此低頭。他一邊反省過去的錯誤，一邊用比賽外的方式重新建立信譽。他在2020年重回賽場後，

習慣二　自信為本

幾乎場場都能進入前十名。2023 年，他在環盧森堡賽奪冠，並於同年贏得國家錦標賽冠軍，成為丹麥最具潛力的新一代車手。

他在訪談中曾說：「我不在乎別人是否相信我，重要的是我一直都相信自己還有機會證明。」這份信念支撐他從谷底翻身，也讓世界重新看見他的價值。

信心，是對未來的堅定宣言

我們總以為成功來自天賦、資源或環境，但更多時候，它來自心中那道沒有熄滅的光。信念不是一時的激情，而是在遭遇失敗時不讓自己退縮的勇氣；不是對外界的保證，而是對自己的承諾。

若你早已為人生設定方向，請同時為自己設下一道心理的防護網。這道防線不是堅硬的牆，而是「我做得到」的信心。當環境動搖你時，它會讓你穩住重心；當現實懷疑你時，它會提醒你初衷未變。

成功者眼中，永遠不會有太多的「如果」。即使遭遇風浪，他們心中始終有一個理由：只要信心還在，通往成功的路就還有出口。

3. 自信，是成功的第一步

人類的思想像電流，既能帶來光亮，也可能造成短路。當我們經常以信心為核心充電，它就能轉化為驅動行動的能量。相信自己是有用之才，意味著你願意為自己負責，也有能力憑藉雙手開闢屬於自己的天地。

堅定的信心，不僅是習慣，更是建構偉大事業的根基。就像英國政治家班傑明・迪斯雷利（Benjamin Disraeli）所說：「機遇不造人，是人創造機遇。」沒有自信的人，即使站在機會面前，也會因懷疑而錯失良機。自信不是自戀，而是一種信念：我值得，我能行。

自信與成功如同一枚硬幣的兩面，互為因果。缺乏信心的人往往自我設限，難以跨出關鍵一步；而真正踏上成功軌道的人，早已在內心種下「我做得到」的種子。那些流露在神情中的篤定、談吐中的沉著，其實是日積月累的信心養成。沒有這份根本，就難以在風浪中穩住自己。

你，是那個尚未被發現的答案

在一場針對青年職場成長的實驗計畫中，研究團隊邀請了一群二十多歲的青年，每人都在學業或工作中經歷不同程度的挫折。他們被安排接受為期六週的挑戰訓練：無教練指導、無具

習慣二　自信為本

體任務，僅要求在指定區域生活並完成一項「團隊發展目標」。

其中有一位參與者，長期處於他人陰影之下。高中、大學時他從未主導過任何專案，也總覺得自己沒有領導力。計畫初期，他沉默寡言，幾乎從不參與決策。直到某次帳棚被強風吹垮、食材不足、隊員意見分歧，他主動提出了具體分工與資源調度方案，不但穩定了團隊情緒，也讓整體進度重新回正軌。

活動結束時，研究員問他：「你怎麼會突然有這麼多想法與行動力？」

他想了幾秒，說：「我沒有變厲害，我只是開始相信，沒有其他人會來替我解決問題，那我就只好試著相信自己了。」

這不是故事結局，而是故事的開端。兩年後，他加入一間新創公司，並在一年內晉升為專案負責人。他說，那六週讓他知道：「我不是沒有能力，而是以前沒機會證明。」

許多時候，缺乏的不是能力，而是允許自己出場的勇氣。

最強的支撐，是來自自己的肯定

我們總期待別人的認同，卻忘了最穩定的信心來源是自我內建的價值感。當一個人能真心欣賞自己，即便外界混亂，也能穩住腳步。這份自我肯定，會讓你更不怕犯錯，更願意在黑暗中持續摸索。

人生如同書寫自己的劇本，不是等候主角上場，而是從第一

頁就寫下自己的立場。當你緊緊抓住信心這條線，即使周圍環境劇變，你也能用穩定的節奏走完該走的路。

所以，請時常問問自己：「我是不是也該相信自己一點？」信心不是驕傲，而是一種內在的堅韌 —— 即使面對挫折，仍選擇前進的勇氣。

只要你能走出那一步，把目光從「我能不能？」換成「我要怎麼做？」，那麼無論人生的山路多蜿蜒，你終將為自己走出一條屬於光明的徑道。

4. 自信就是你的雙翼

真正堅強的力量，並非來自外在的條件，而是來自對自己的深切信任。一個人若喪失了自信，就像船失了舵，再寬廣的海域也只會帶來漂泊與混亂。自信不是自誇，它是一種寧靜而堅定的力量，讓人在風雨交加時仍能看見遠方的方向。

自信之所以可貴，正因為它常在逆境中顯現價值。梁啟超曾說：「既看得透澈，自信得過，則以一往無前之勇氣赴之。」意思是說，當一個人能清楚了解自己，也相信自己，就能義無反顧地走向目標，即使前方是千山萬水，也不會動搖意志。這並非空泛的樂觀，而是一種深層的內在力量。

我們總以為成功是天賦、環境與機遇的總和，但其實，真

習慣二　自信為本

正關鍵的是一種信念——相信「我做得到」。這不只是心理上的自我肯定，更是一種能驅動行動、轉化現實的能量。正如英國劇作家蕭伯納（George Bernard Shaw）所言：「自信可以化渺小為偉大，化平凡為神聖。」

這份力量，並不是與生俱來，而是可以養成的。心理學家羅伯特・羅森塔爾（Robert Rosenthal）在 1960 年代進行了一項著名的教育實驗。研究人員隨機抽出幾名小學生，並告訴老師這些學生在未來有極大潛力。實際上，這些學生的學業表現並無特別之處。但幾個月後，這些孩子的成績與表現竟顯著優於其他同學。原因不在學生本身，而在老師因為「相信」他們的潛力，對他們投入更多關注與鼓勵。這就是所謂的「羅森塔爾效應」（Rosenthal effect）：當一個人被賦予期望，他往往真的會超越自己。

這個效應不只發生在課堂上，也同樣存在於職場、家庭，乃至我們對自己的看法之中。如果你總對自己說「我不行」、「我做不到」，那麼你真的會看不見自己的潛力；但如果你能每天提醒自己「我值得，我有能力」，那麼就算條件未必完美，你也會開始行動，並逐漸迎向改變。

信心是所有挑戰的起點。在人生路上，每一個跨越難關的人，都不是因為他從未跌倒，而是他相信自己能夠重新站起。那些所謂的英雄，不是沒有害怕與動搖，而是在害怕中依然選擇前行。所謂「自強不息，奮鬥不止」，說的正是這份靠自信支

4. 自信就是你的雙翼

撐起來的勇氣。

自信並非盲目的執著，而是一種清醒地理解自我後，仍選擇相信未來可期。我們每個人都可能經歷質疑與挫敗，但只要保有那一絲信念，就能在黑夜裡點亮自己的星光。

有些人習慣把成功歸因於運氣，總覺得幸運是他人的禮物。但事實上，真正能左右命運的，是信念而非機緣。當你相信一件事會成功，你的大腦便會為這個目標自動尋找方法、連結資源，甚至喚醒潛在的能力。這就是自信所產生的心理力量，它能讓看似不可能的任務，變得可行。

成功之所以動人，是因為它證明了人的意志可以超越限制。可惜，真正相信自己的人並不多。多數人在還沒開始前，就先把「我可能不行」的種子種進心裡，最後自然無法開花結果。而真正能突破困境的人，其實就是那些從未懷疑自己有價值、有能力的人。

信心不是無條件的自我吹捧，而是一種結合了理性與希望的態度。它讓我們看清自己的不足，卻依然願意行動，願意改變，願意再試一次。有了這份信念，我們不只能活得更堅定，也能走得更遠。

當我們把信心深植心中，人生再遠的目標，也不再遙不可及。你所需要的，從來不是更多的條件，而是對自己說：「我做得到」，然後踏出那一步。你會發現，信念本身就是最堅固的起跑點。

習慣二　自信為本

5. 信心決定你能走多遠

　　有時候，信心不是讓你看清前方的路，而是當你站在未知的懸崖邊，依然敢於邁出第一步。堅定的信念不只是心理建設，更是人生路上的堅實橋梁，讓人即使在最艱困的時刻，也不至於跌入深淵。信心不是樂觀的幻想，而是一種內在認知──相信自己走得過去，也值得走下去。

　　一位曾經參與非營利組織海外專案的年輕女性，在柬埔寨偏鄉推動基礎教育改革。剛到任時，她面對的是語言不通、資源匱乏、當地政府配合度低，甚至連志工團隊內部也出現質疑聲音。她每天奔走在塵土飛揚的鄉間小路上，挨家挨戶拜訪家長，勸說他們讓孩子來上課。儘管屢屢碰壁，但她始終相信：「只要改變一個孩子的人生，就值得。」這股信念不斷支撐著她，讓她能在一整年幾乎看不到成果的情況下仍持續前進。

　　最終，她成功協調建起了簡易教室，也看到第一批學生穩定就學。有人問她怎麼能撐過那段近乎絕望的日子，她只回答：「我從未懷疑這件事有價值。」

　　信念不是華麗辭藻，而是你在獨自面對困難時心中最堅固的錨。真正的信心不是否認困境，而是在知道一切不會立刻好轉的情況下，依然選擇去做。

潛意識的命令

心理學上有個概念叫「自證預言」(Self-fulfilling prophecy)，意思是你怎麼想，就會怎麼做，然後結果就會證實你的想法。也就是說，信念會主導你的思考、情緒、行動與決策。你若相信自己辦得到，你的潛意識就會開始尋找資源、消化困難、排除雜音，直到找到通往目的地的方法。反之，你若心中總是懷疑、否定、逃避，那麼再多資源也會變成阻礙。

這也解釋了為什麼有些人總能「幸運地」完成目標，而另一些人即使條件相似，卻總在關鍵時刻放棄。他們的差別，不在資源或能力，而在信念的深度與穩定性。信心之於成功，就像地基之於高樓，看不見卻必不可少。

你若相信自己值得幸福、值得成長、值得完成夢想，你的行動也會跟著朝這些方向前進。而當你對自己毫無信心時，你的世界就會自我縮小，再也看不到其他可能性。

信念從來不是抽象的

很多人以為信念是宗教專屬，其實不然。信念不一定來自神明，也可以是對某個價值、某段關係，或是某項任務的深刻認同。那是一種「我一定要完成它」的堅持，無關成敗，無關他人看法。

習慣二　自信為本

在面對重要選擇時，那些心中有明確信念的人，比起猶疑不決的人更能迅速行動，也更容易承受挫折。因為他們知道自己為什麼而努力，那份內在動力不是來自外界的掌聲，而是來自心裡的準則與承諾。

信念不是用來逃避現實，而是用來挑戰現實的。你相信什麼，就會成為什麼；你懷疑什麼，就會錯過什麼。信念不需要高聲宣傳，但它一定需要你靜下心來傾聽。

6. 你怎麼想，就會怎麼活

信念，是思想的雕刻刀，一個人如何想自己，就會逐漸長成那個模樣。當信心深入內在，它不只改變行動，更能改寫命運。真正的自信不是張揚，而是來自於一種篤定的內在聲音：我能夠做到。

心理學家指出，自我概念會左右我們的行為模式。當你相信自己能完成某件事時，大腦會啟動與之對應的資源，激發行動的動力。這正是信念的力量，不在於你喊了多大的口號，而在於你怎麼思考、怎麼選擇、怎麼堅持。

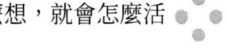

從保守轉向改變的轉捩點

　　一對年輕情侶艾莉與馬可完成碩士學業後，同時進入一間國際能源公司工作。這是一份待遇優渥、穩定性高的職位，他們也都珍惜這難得的機會。但隨著時間推進，馬可愈來愈感受到現有職涯的框架感。他開始嘗試寫程式、研究綠能創業趨勢，並利用晚上和週末參與各種開發專案，漸漸地萌生創業的想法。

　　相比之下，艾莉則更傾向安穩，甚至認為馬可的想法過於理想化，常常勸他「再等幾年比較好」。然而，馬可並沒有退縮，而是給自己設下 1 年的期限，如果在這段時間內能做出一個可行的產品雛形，就辭職創業。他相信，即使最終失敗，也會學到比原地踏步更多的事。

　　一年後，他真的離職了，並創立了一家專注於節能物聯網設備的新創公司。初期過程相當艱難，資金短缺、人力不足、產品測試失敗接連不斷。但馬可堅守著最初的信念：「我不只是要找到一個商業模式，而是要做出讓世界運作得更好的東西。」

　　3 年後，他的公司獲得了第一筆企業大單。如今，該公司已拓展到其他國家，員工人數也超過 60 人。反觀艾莉雖依然在原公司工作，但也開始反思：當年，是不是自己少了那麼一點相信自己的勇氣？

習慣二　自信為本

你相信什麼，就會靠近什麼

　　信念不是盲目的幻想，而是你對未來最深的預約。如果你總是懷疑自己、懼怕失敗，那麼人生的視野就會漸漸縮小；但若你願意放膽想像、不懼嘗試，你就會吸引來與你志同道合的機會與人。世界不會永遠為你讓路，但你可以決定是否起步。

　　無論你現在身處何方、處境如何，只要你還能相信，那你就還有選擇。想像是內在的藍圖，信念是行動的引擎，而最終的成就，就是你持續不懈所描繪出的形狀。你相信什麼，就會慢慢成為什麼。

習慣三
拒絕猶豫

當你感覺目標遙不可及,很可能不是因為資源不足,而是因為啟動太慢;當你覺得計畫卡關,往往不是因為缺乏構想,而是你還沒真正跨出第一步。多數時候,不是事情太複雜,而是我們慣性拖延,讓簡單變難,讓機會轉瞬即逝。

真正的行動力,來自一種內化的訓練與心理設定:不等、不拖、不找藉口。在你準備「想一想」的時候,已有人悄悄出發。在你還在等待「更好的時機」時,他人已完成初版並正在修正。因此,想成功,不必先想得完美,而是要做出第一個版本。只要一開始動了,一切才有可能。

習慣三　拒絕猶豫

1. 行動才是關鍵

許多人熱愛計畫，喜歡擬定目標、設立願景，甚至在腦海中模擬各種成功的畫面。但光有構想，從不等於開始，更不等於結果。沒有真正踏出那一步，目標就只是幻想。想法可以有一百個，但若無一個轉化為實際行動，終究仍是空談。

2013 年，美國麻省理工學院（MIT）研究員亞薩夫・比德爾（Assaf Biderman）因目睹城市微型交通混亂、基礎設施不足，萌生了讓交通更智慧、更安全的想法。他不是交通業出身，也不是創投圈熱門人物，但他選擇當下就行動——以 MIT 的研究成果為基礎，迅速組建技術團隊，著手打造一種能自我監測、具備城市整合能力的智慧滑板車系統。

不到一年，他創立了 Superpedestrian，一家結合 AI 與交通科技的創新公司。這款滑板車並非市場首創，但因整合機器學習與自動維護系統，能即時回報異常與壞車狀況，大幅降低營運成本與意外發生率。比德爾沒有等待投資人主動上門，也不等市場完全準備好，而是選擇先做出產品原型、直接與城市政府溝通合作。他在一次受訪中說道：「我們不想再看到城市為了適應科技而付出代價，而是科技主動去適應城市。」

如今，Superpedestrian 的滑板車系統已在全球數十個城市營運，成為微型交通領域的安全標竿，也印證了那句話：真正的改變，來自於相信想法值得實踐，並立刻動手實踐它。

1. 行動才是關鍵

這樣的故事一再發生。真正讓人與人之間拉開差距的，不是聰明才智的差異，而是行動速度的差異。當別人還在猶豫「要不要做」，你已經完成第一輪測試；當他們在等待理想條件，你已經從失敗中優化出成果。

執行力從來不是運氣，而是每一次「立刻去做」的累積。最聰明的決策，不在於等萬事俱備，而是在尚未完美之前，就選擇出發。

想太多，是前進的絆腳石

人類天生就會思考，但我們卻不是天生就懂得行動。拖延往往假借深思熟慮之名行猶豫之實。當「我還沒準備好」變成了日常口頭禪，你的機會已被他人悄悄取代。成功人士與普通人的差別，不在於誰更有想法，而在於誰更願意在模糊中啟程，在不確定中行動。

2018 年夏天，瑞典少女格蕾塔・童貝里（Greta Thunberg）年僅 15 歲，卻選擇在開學第一天拒絕上學，改為一人前往瑞典國會外靜坐抗議，手持一塊手寫紙板，上面寫著：「為氣候罷課」。她沒有幕僚團隊，沒有行銷預算，甚至沒有人陪伴，只有一個明確信念──希望大人正視全球暖化的危機。

她的行動原本看似孤獨，卻意外引發世界關注。短短幾週內，她的照片與訴求在網路上迅速傳開，激發全球青年共鳴，進

習慣三　拒絕猶豫

而催生出「Fridays for Future」氣候罷課運動。數百萬名學生走上街頭，響應這位看似平凡、卻堅定無比的少女。

她的想法不是世上唯一，但她比任何人都早站出來實踐。這正是她成為象徵人物的關鍵 —— 改變，往往源自於那個「先做了」的人。

想法若未搭配行動，就只能停留在筆記本裡；而行動，才是理念與改變之間的橋梁。不要等萬事俱備才起跑，因為人生永遠沒有百分之百的準備好。真正的開始，往往從「現在」這一刻出發。

2. 不要害怕重複嘗試

沒有人第一次嘗試就能成功。真正的成就來自反覆摸索、調整與堅持的過程。在這個充滿不確定性的時代，最可怕的不是失敗，而是不願意開始、不願意嘗試。你可以設想再多、規劃再完美，但只要少了實驗精神與實際行動，那些願景就永遠停留在腦海裡。

2000 年，美國年輕銷售員莎拉‧布雷克莉（Sara Blakely）因為對絲襪外露感到困擾，靈機一動，剪下絲襪腳部，自製成貼身短褲，讓外型更服貼自然。她沒想到，這個偶然的舉動，會成為日後改變內衣產業的起點。當時她沒有時尚設計背景，也

2. 不要害怕重複嘗試

沒有資金與人脈，只有一個簡單的信念：這個市場，應該有更好的選擇。

於是她聯絡製造商、自己寫專利、設計包裝、跑百貨公司推銷，過程中多次被拒，但她從未停下。邊做邊調整、邊試邊修，她把一次實驗變成一個品牌，也把不被看好的點子，推上了時尚舞臺。最終，她創立的 Spanx 成為內衣界的革命性品牌，而她自己，也成為全球最年輕的白手起家女性億萬富翁之一。

關鍵不在於你是不是起跑得最早，而是當別人停下時，你還願不願意再試一次。有些人總想等到萬事俱備再開始，但現實永遠不會如此貼心。你越等待，信心越被消磨，執行力也會逐漸凍結。唯有在每一次不完美的行動中，才能慢慢淬鍊出成熟的策略與實際成果。

真正的成長來自失敗後的堅持

我們都曾有過目標明確卻遲遲未動的經驗。不是因為不知道怎麼做，而是因為害怕做得不夠好。這種「完美主義式的拖延」常讓人陷入反覆思考與空轉的狀態。但其實，大多數的成功都來自於那些不斷修正錯誤的草稿、實驗和半成品。行動不一定保證成功，但不行動絕對只會讓結果停滯不前。

2020 年初，美國創業者布萊恩・強森（Bryan Johnson）因疫情封城，無法去健身房運動，決定在自家車庫打造一套多功

習慣三　拒絕猶豫

能健身系統。他沒有產品開發背景，也沒有工廠資源，只有一臺電鋸和一堆實驗用的鋼條與木板。他不是先寫商業計畫，而是先動手做出第一版原型。

初期的器材粗糙簡單，但在社群分享後意外引起關注。他開始收到詢問，甚至來自海外的訂單。強森邊接單邊優化設計，不斷根據使用者回饋進行改良，並在車庫裡完成了前 200 組產品。這種「先做再調整」的策略，不僅幫助他避開高昂的前期成本，也讓產品更貼近真實需求。短短兩年內，他創立的品牌 Fitness Hardware 已銷往超過 15 個國家，成為居家運動新趨勢中的亮眼新星。

這些故事提醒我們，不必等靈感完美降臨、不必等能力全部到位，只需要開始嘗試，然後一邊做、一邊學。學習不只在知識的層面，更在每一次實踐之中成形。

培養「就算錯也要做」的心態

許多人誤以為創意與靈感是寫作或創作的起點，其實剛好相反。真正的創作是在行動中激發靈感，在不完美的初稿中找到突破點。與其等待「感覺對了才開始」，不如接受一個真理：動手做才會產生感覺。

美國作家伊莉莎白·吉兒伯特（Elizabeth Gilbert）曾分享她面對寫作瓶頸的方法：「我允許自己寫出爛作品，因為我知道那

是通往好作品的必經之路。」這樣的心態同樣適用在所有行業。不論你是設計師、工程師還是創業者，只要害怕被批評、畏懼犯錯，就注定停留在原地。反之，越早進入實作狀態，越能在實踐中建立節奏與信心。

行動會帶來成就感，即使只是完成了一個草稿、嘗試了一個新提案、寄出了一封詢問信，這些微小的實踐都能轉化成前進的動能。而這份動能，正是驅動你跨過困難、堅持到底的關鍵。

3. 斷捨離，才能往前走

拖延與猶豫，往往是夢想最大的絆腳石。當人過度思量可能的風險、等待「更合適的時機」，往往失去了本來就屬於自己的機會。果斷並非魯莽，而是在面對複雜現實中，仍能清楚劃下行動的起點。有行動力的人，不一定每次都對，但猶豫不決的人，幾乎永遠無法完成任何事。

2021 年，日本科技新創公司 Preferred Networks 在由經濟產業省主辦的「AI Edge Contest 第四屆競賽」中脫穎而出，奪得最優秀獎。該競賽聚焦於在極低功耗設備上實現高效能 AI 影像辨識模型，對速度與精準度要求極高。PFN 團隊在極短時間內完成演算法設計與優化，擊敗多家大型企業與研究機構。官方新聞指出，他們以精實高效的流程、持續迭代的實作策略贏得評

習慣三　拒絕猶豫

審高度評價，成為日本 AI 創新代表。

　　現實中的困難並不總有完美解法，唯有透過行動才能摸索出路。過度謹慎，常常是缺乏自信的包裝；遲疑不決，只會拉開你與成功之間的距離。

成長的關鍵，是放棄退路

　　人們面對重大抉擇時，常會不自覺地為自己預留退路。但這種「保留選項」的習慣，其實是行動力的殺手。當你知道還有第二條路可走，就不會全心投入。真正的轉變，往往來自你在沒有回頭路的時刻，選擇正面迎戰。

　　2014 年，美國創業者杭特．瓦克（Hunter Walk）辭去在 Google 旗下 YouTube 擔任產品總監的工作，離開了一份人人稱羨的高薪職位。他當時沒有明確的創業藍圖，也沒有投資人資金支持，僅憑一種信念：「我想創造屬於自己的影響力，而不是永遠幫別人實現夢想。」

　　這個決定在當時被許多親友視為「不理性」，甚至「自毀前程」。但沃克堅持，如果還保有安全網，就無法真正全力以赴。他與夥伴創辦了風險投資公司 Homebrew，專注投資早期有潛力的科技團隊。雖然一開始面臨募資與人脈擴展的挑戰，但他坦言：「正是因為沒有退路，我才更快清楚我要什麼。」

　　十年後，Homebrew 成為矽谷具代表性的早期投資機構，投

資組合包括如 Plaid、Gusto、Shyp 等新創。沃克用行動證明：沒有退路的選擇，反而能逼出一個人最大的潛能。

成功從來不青睞等待萬事俱備的人，而是偏愛那些願意「在不確定中全力以赴」的人。當你切斷退路，反而會激發最深層的專注與潛能。不是因為你不害怕，而是因為你不允許自己退縮。

越遲疑，越錯過人生重要的時刻

人生中，最讓人遺憾的，往往不是錯誤的決定，而是遲來的行動。許多人常在心裡思索「如果當初……」，卻忽略了真正讓自己錯過的不是外在因素，而是當下的猶豫。你永遠不會知道機會何時會再次出現，而每一次「先等等」的決定，可能就是將來的悔恨來源。

法國心理學家曾在研究中追蹤 300 位 30 至 50 歲的中年人，發現其中有高達七成的人對自己「年輕時未即時行動」感到後悔，而非曾經犯錯。她在訪談中寫道：「人們總以為思考更多會避免失誤，卻沒發現思考過度才是拖慢人生進度的主因。」

當你猶豫不決、過度分析時，世界並不會等你。那些你沒說出口的喜歡、沒提交的提案、沒報名的比賽，都成了日後回憶裡的一根刺。與其反覆思考，不如主動出擊，因為後悔來自錯過，而不是失敗。

習慣三　拒絕猶豫

行動是思考的終點，也是信念的開始

許多成功人士的共同點，不在於他們總是選對了，而在於他們願意承擔選錯的風險，並從錯誤中快速回彈。建立果斷力不需靠天賦，而是靠一種自我訓練：一旦做出決定，就立刻去執行；錯了再改，但不拖延。

美國創意寫作導師朱莉婭・卡梅倫（Julia Cameron）經常在課堂上要求學生每天早上寫「晨間日記」三頁，不為內容，只為建立「動筆」這個動作。她說：「許多人不是沒有靈感，而是被猶豫癱瘓了。當你養成立即行動的肌肉，靈感自然會跟上來。」

真正能完成目標的人，靠的不是一開始就做得完美，而是願意先做，再優化。行動，是最好的試金石。與其等「有一天」，不如從「今天」開始。

4. 拖延：拖垮自己的習慣

許多人總以為拖延只是一種生活的小毛病，然而在現實中，它卻是吞噬夢想與機會的無聲殺手。清晨賴床五分鐘，可能只是舒服的延遲；但職場上的一時猶豫，卻可能讓人錯失職涯轉捩點。

一位大學畢業生在求職面試現場猶豫不決，未能即時決定

是否接受當場提供的職位,打算「回家再考慮看看」。然而隔天再聯繫時,職缺已經被遞補,他才驚覺:「我不是失去了這份工作,而是失去了對自己行動力的信任。」這不只是一次的失誤,而是拖延所帶來的代價。

等待完美時機,其實是在錯過真正機會

在《拖延心理學:別讓拖拉成為你的絆腳石》(*Procrastination: Why You Do It, What to Do About It Now*)一書中,作者珍・博克(Jane B. Burka)和萊諾拉・袁(Lenora M. Yuen)探討了拖延的多種成因,包括害怕失敗、害怕成功、反抗權威等。

她們指出,害怕失敗可能源自對自我價值的懷疑,導致對新挑戰的抗拒,進而引發拖延行為。此外,害怕成功可能來自對成功後增加的責任或期望的恐懼。而反抗權威則可能是因為不願遵循他人指示,進而以拖延來表達內心的不滿。

為了克服拖延,作者建議首先了解拖延的根本原因,然後針對性地採取措施。例如,若因害怕失敗而拖延,可以將大型任務分解為小目標,逐步完成以建立自信。若因任務令人反感而拖延,則可在完成後給予自己獎勵,或尋求夥伴共同完成,以增加動力。此外,設定明確的期限和外部壓力也有助於推動行動力的提升。

總而言之,拖延並非單純的懶惰,而是由多種心理因素引

習慣三　拒絕猶豫

發的行為模式。透過自我覺察和針對性的策略，我們可以逐步克服拖延，提升行動力，實現個人成長。

拖延，總讓人與幸福擦身而過

感情中的拖延同樣代價高昂。一名年輕工程師馬修一直暗戀著大學同班同學，總想等到「更合適的時機」再告白。結果，兩年過去，他眼睜睜看著對方步入婚姻。他曾寫下一段話：「我不是被拒絕，我是被時間排除了可能性。」這種遺憾，並非命運不公，而是拖延所帶來的惋惜。當一個人習慣把行動推遲到未來，那麼未來就會把機會一一關上。

自我欺騙是拖延的同謀

表面上看來，拖延好像是因為「還有時間」，但實際上，它是一種潛意識的逃避行為。我們說服自己先做別的事——整理辦公桌、看幾頁雜誌、接個電話——但其實都是在逃避眼前真正重要的工作。一家金融科技公司曾針對內部工作效率進行實驗，結果發現：一天中最容易被「拖延行為」消耗的時段，正是員工剛進辦公室的前 90 分鐘。這段時間往往被員工拿來「暖機」，實際產出接近於零。研究結論指出：「早晨的拖延，是整日低效的開端。」

4. 拖延：拖垮自己的習慣

拖延不只是壞習慣，而是價值觀的反映

拖延的本質，是對自我承諾的不信任。當我們一再推遲，說到底，是對自己說：「我不相信你能完成。」若不改變這種思考模式，即使有再多的計畫與靈感，也終將淪為紙上談兵。要打破這個循環，唯有靠「立即行動」。不是等到最理想的狀態，而是在當下就選擇動起來——即使是微小的一步，也足以改變結果的走向。

立即行動，是對拖延最直接的回擊

在創業早期，許多創辦人都以為必須等到產品完美才願意對外曝光，但實際上，最有價值的市場回饋，往往來自還在構思階段的初步版本。現今創業實務中，這種策略被稱為最簡可行產品（Minimum Viable Product, MVP）：即使只有基本功能，也能先拿出來與潛在使用者互動、測試反應，從而大幅減少開發錯誤與資源浪費。這種方法最早源於產品原型設計流程，在科技與設計產業中已行之有年。創業者透過簡單的圖紙、樣機甚至只是文字描述，去驗證市場是否真的需要這項服務，並不斷修正與演進。

有研究指出，愈早對外測試雛型，愈容易在開發中建立產品與市場的真實連結，也更容易獲得投資人與顧客的信任。

這樣的策略提醒我們：別等一切「準備好」才啟動。行動本

習慣三　拒絕猶豫

身就是學習的一部分,而回饋,是產品真正成形的關鍵原料。

拖延的代價是未竟的潛能,行動的力量則是成就的起點。成功不等人,想做什麼,就從此刻開始。

5. 不要只會說空話

在現代生活中,我們太常見到這樣的人:計畫滿天飛,嘴上說得鏗鏘有力,但始終停留在紙上談兵。華麗的語言若沒有行動支撐,不過是空洞的許諾;再宏大的理想,若無實際作為,也只是自我催眠的一場夢。所有的成功都不會只是想出來的,而是一步一腳印做出來的。

說與做之間,有著一道巨大的鴻溝,能夠跨越它的,從來只有一件事 —— 行動。

先行動,才看得見問題的真貌

當我們心中有一個想法或目標時,與其反覆盤算是否可行,不如直接開始嘗試。因為問題常常不在於構想本身,而在於我們對現實細節的掌握不足。唯有開始動手,才能真正摸清障礙在哪裡,也才能找到突破的方式。

2015 年,美國工程師丹尼爾·戴茲(Daniel Dyz)與穆爾·

法希姆（Moby Faheem）共同創立永續時尚新創公司 Ambercycle。他們的初衷很簡單：解決時尚產業中大量紡織品廢棄的問題，將舊衣變成新衣。但當時，他們連穩定的回收技術都還沒完全開發出來。

戴茲說：「我們沒什麼經驗，也沒萬全的技術，但我們知道這個問題很大，也知道自己不做，沒有人會做。」

於是，他們在洛杉磯一間小實驗室開始測試各種紡織品的分解技術，失敗一遍又一遍。每次遇到不同材質的混紡，就得重新思考化學流程；每次實驗不如預期，就要拆解機臺、調整參數。過程極為艱難，但也讓他們越做越了解問題所在。最終，他們開發出一項名為「Cycora」的專利技術，能夠將回收的聚酯紡織品轉化為高品質的新紗線。

2024年，Zara母公司Inditex簽下7,500萬美元的採購合約，成為他們最大支持者之一。他們也登上《時代雜誌》（TIME），成為「改變時尚產業的創新力量」。

做過才有話語權，經驗帶來說服力

沒有實際參與過一件事的人，很難講出真正有深度的觀點。與其空談理想，不如捲起袖子親自嘗試；與其站在門外觀望，不如踏入現場學習。當你真正動手做過後，言談中自然會帶有經驗的厚度，而這正是他人信任的來源。對領導者而言尤其如

習慣三　拒絕猶豫

此,團隊成員願意聽從的從來不是最會講道理的那一位,而是那個在關鍵時刻敢於挺身而出、親自動手的人。

從小處著手,成功才會慢慢發酵

許多人抱著「大展身手」的幻想,不願做瑣碎的小事,總期待一次就達成驚天動地的成就。但現實並不這麼運作。

Miho 當年到日本東京留學時,原本只是想記錄生活、分享見聞,於是她開設了部落格。一開始,她寫的都是生活小事——如語言學校的趣事、便利商店的新商品、東京街頭的文化觀察。這些看似零碎的片段,卻逐漸吸引了一群穩定的讀者。她並沒有一開始就立志成為創作者,也沒有宏大的出版計畫,而是透過每天寫一點點,慢慢找到了自己的聲音。

隨著時間推進,Miho 開始策劃更有深度的企劃,例如〈東京,一日陌生人〉——她會和素未謀面的人在咖啡館對談、記錄他們的人生故事,這些文章讓她的影響力擴展到更多圈層。幾年後,她終於出版了自己的第一本書,成為擁有多重身分的創作者與講者,並在日本與臺灣持續活躍。

她曾說:「我是從寫部落格開始的,不是因為我想成為作家,而是因為我每天都在寫,才慢慢變成了創作者。」

5. 不要只會說空話

具體行動，勝過空想萬千

許多人認為理想與現實之間隔著難以跨越的鴻溝，但往往只是因為沒有踏出第一步。

在墨爾本工作的單親媽媽凱特曾經長年夢想擁有自己的小咖啡館，但每次想到創業的資金、人力與風險，她總是打退堂鼓。她的筆記本裡記滿了關於裝潢風格、菜單靈感和店名設計的想法，卻始終沒有採取任何實際行動。

直到某天，她在社區公告板上看到一間舊麵包店要頂讓，地點小、租金低，剛好就在她孩子學校附近。她鼓起勇氣，打了電話、安排看場地，接著開始在週末兼差擺攤累積資金，也透過朋友的協助學會簡單會計與採購流程。三個月後，她用簡單的設備和一臺二手咖啡機，正式開張了小小的「Morning Ground」早晨咖啡店。

起初每天來客不多，但她用心記住每一位常客的名字與喜好，並在門口手寫一張張溫暖的留言板，慢慢累積社區口碑。一年後，這家店不僅成了鄰里最愛的早晨據點，也讓她從不敢踏出的那一步，走進了自己的人生新階段。

她說：「如果我當初還在想什麼才叫『準備好』，我大概還坐在原地，翻著夢想的草圖。真正的轉變，是我終於開始行動。」

習慣三　拒絕猶豫

與其懷疑，不如開始

我們常在腦中模擬無數次行動的後果，試圖用想像取代實踐。但越是想得多，越可能被自我否定吞噬。這不是因為困難真的無法克服，而是我們太早放棄了面對它的機會。

許多成功的人並非起步時萬事俱備，而是先跨出去，邊走邊補齊裝備。他們沒有比我們更聰明，而是比我們更願意冒險，更早願意承認：「我可以從現在開始，哪怕不完美，也足夠前進。」

凡事皆起於腳下，不在於嘴上

想成就什麼，就從最小的那一步開始。不必等到信心十足，不用等所有條件就緒，只要開始，就能修正；只要前進，就能突破。那些看似幸運的人，其實只是比別人更早踏出了行動的腳步。唯有在不完美中啟動，在摸索中累積，你才有可能走出一條屬於自己的成功之路。

行動是一種承諾，先做後說，是對生命最誠懇的態度。

習慣四
主動出擊

一個缺乏進取心的人，往往容易被現況困住，過著按部就班的日子，無法突破現狀。而那些習慣積極進取的人，則會不斷尋找成長的契機，即使遭遇挫敗，也將其視為磨練自身的機會。心理學家馬丁．賽里格曼（Martin Seligman）曾指出，樂觀的人會將失敗視為可調整的狀態，而非個人無能的證明。這樣的心態正是進取的根基。

習慣四　主動出擊

1. 進取是一種自我要求

美國時尚設計師蜜雪兒‧史密斯（Michelle Smith）從小便夢想踏入高級時尚圈，然而家境並不富裕，連基本學費都必須靠打工支撐。為了離夢想更近一步，她在紐約的愛馬仕（Hermès）精品店擔任兼職人員，白天工作、晚上上課。這段經歷讓她下定決心，向品牌總部直接寫信，自我推薦爭取實習機會。

這封信意外打動了愛馬仕巴黎總部的高層，她也因此成為品牌有史以來第一位在時裝部門實習的美國人。在巴黎的那段時間，她一邊在愛馬仕實習，一邊進入時尚名校ESMOD學習，並陸續進入Louis Vuitton、Christian Dior等品牌深造。

2001年，她創立個人品牌Milly，憑藉優雅現代的設計風格，迅速打入時尚圈，受到碧昂絲（Beyoncé）、凱特王妃（Kate Middleton）、葛妮絲‧派特洛（Gwyneth Paltrow）等名人喜愛。她的故事不是天時地利的幸運組合，而是一連串主動爭取、親自敲門的行動累積而成。

她說：「如果我當時只是等著被看見，我永遠不會走進那扇門。」

1. 進取是一種自我要求

一點一滴累積，才會逐步邁向卓越

進取的力量，並不總是體現在一夕之間的成果，而是在每天細微的堅持中累積而成。班‧法蘭西斯（Ben Francis）是英國品牌 Gymshark 的創辦人，現年三十出頭，卻已是全球最年輕的自創健身品牌億萬富翁之一。他的創業起點，並不華麗。

2012 年，他還是伯明罕大學的學生，白天上課、晚上在 Pizza Hut 打工，下班後回家把房間當成工作室，與朋友一起設計健身服。他們買來一臺縫紉機和熱轉印機，把 T-shirt 一件件親手製作、包裝、寄出。他說：「我不是那種天才型創業家，我只是每天都在做一點點。」

早期 Gymshark 並沒有預算做大規模廣告，他便自己寫程式架設網站、剪輯影片、寄商品給健身網紅，透過口碑與社群慢慢累積人氣。產品一次次被賣光，口碑一傳十、十傳百。幾年內，他從在家手工製衣的學生，成為掌管百人團隊、營收破億英鎊的 CEO。

2020 年，法蘭西斯把公司 21％ 的股份賣給私募基金 General Atlantic，公司估值突破 13 億美元。他仍保留最大股權，並在 2021 年回歸 CEO 職位。他說：「我從不是一開始就知道怎麼當老闆的人，是每天做、每天學，才一點一點走到這裡。」

這不是一夜致富的故事，而是日復一日的踏實累積。他的成功，不是來自一個大計畫的啟動，而是每天小決定的堆疊。

習慣四　主動出擊

看見可能，從失敗中發現價值

有進取心的人，懂得在眾人眼中的失敗裡看見機會。馬雲，阿里巴巴集團創辦人，曾是失敗經驗的代表人物。年輕時，他的履歷幾乎是拒絕的代名詞——大學考試落榜兩次、申請警察工作被淘汰、甚至去肯德基應徵也是在二十四人中唯一一個沒被錄取的人。他不是一開始就「創業成功的那種人」，卻懂得在每次失敗中思考、學習與調整。

1999 年，他在杭州的小公寓裡創立阿里巴巴，起初僅是想建立一個能幫助中國中小企業上網做生意的平臺。資金短缺、沒人看好、早期模式屢屢碰壁——但他沒有放棄，而是持續從錯誤中修正方向。最終，他打造出中國最具影響力的電子商務生態系，帶動了整個數位經濟的崛起。

馬雲曾說：「今天很殘酷，明天更殘酷，但後天很美好。只是，大部分人死在明天晚上。」這不是一句口號，而是他一路走來，對失敗與機會關係的深刻體會。

有進取心的人，懂得在眾人眼中的失敗裡，看見隱藏的可能，並將它轉化為價值。

持續激勵自己，才不會半途而廢

進取是一種長期的自我驅動，不只是初期的熱情，而是能持續不斷地設定新目標、勇敢挑戰未知。心理學家愛德華‧L‧

德西（Edward L. Deci）在其自我決定理論（Self-Determination Theory）中指出，內在動機才是驅動長期努力的核心來源。當我們能夠因自我價值與成長而努力時，比任何外在獎賞都更能持久推動我們前進。

人生最可惜的，不是缺乏才能，而是選擇停滯。隨便放棄一個目標，也是在放棄一個成為更好自己的機會。真正能成功的人，不是因為一開始就條件優渥，而是因為他們懂得在每一次嘗試中不斷自我超越。當你開始主動出擊、持續行動，你會發現，成功不是偶然，而是累積下來的必然。

習慣積極進取，不僅能幫助我們在職涯與人生中突破瓶頸，更是一種對自己負責任的生活態度。真正的成功來自行動與堅持，不是等待理想條件出現，而是勇敢地先開始，並在過程中不斷學習與調整。

主動出擊，是每一段非凡旅程的起點。

2. 熱情可以點燃成功

在這個競爭愈發白熱化的社會中，能否成功往往不只取決於能力，更與態度緊密相關。當一個人擁有熱情，他便會對生活保持高度的感知與主動；而缺乏熱情的人，即便身處機會之中，也常常錯失良機。心理學家丹尼爾・高曼（Daniel Goleman）於

習慣四　主動出擊

其研究中指出，情緒智商與自我激勵力密切關聯，而熱情正是其中最強大的驅動來源。

熱情激發自信，自信轉化為動力，動力促使行動，而行動終將釋放潛能與機會。反之，若一個人內心冷淡，對於所處的環境與未來失去感應力，即使身邊充滿可能，也將毫無作為地錯過每一次成長的契機。

英國心理學家李察・韋斯曼（Richard Wiseman）在其著作《好運的習慣》（*The Luck Factor*）中指出，「幸運」之所以降臨於某些人身上，是因為他們擁有主動出擊與正向期待的生活態度。換句話說，熱情不只是表層的情緒，而是一種看待人生的深層選擇，它將決定我們是否願意用行動實現夢想。

熱情展現在行動與細節之中

真正的熱情，並非僅止於言語上的鼓舞或口號式的熱血，而是體現在對每一個任務、每一份責任的具體投入。一位擁有熱情的工作者，不論是撰寫簡報、接待客戶，甚至是一場例行性的會議，都會用心準備、充滿能量地參與。這樣的態度，往往能創造出超越職責的影響力。

美國作家伊莉莎白・吉兒伯特在她的演講中提到，自己能寫出觸動全球讀者的《享受吧！一個人的旅行》（*Eat Pray Love*），正是因為她從不讓生活變得麻木，即便在最低潮的旅途中，也

2. 熱情可以點燃成功

努力維持對世界的感知與好奇。這份感知力，來自於長年不懈的熱情灌注。而在工作環境中，那些表現卓越的人，無一不是將熱忱灌注進每日瑣碎事務的人。他們不因工作單調而怠惰，也不因任務平凡而敷衍，反而從中發掘成就感與價值，這正是熱情所賦予的深度與力量。

培養熱情，是一種生活練習

熱情並非與生俱來，而是一種可以透過行動與認知累積的習慣。許多人誤以為自己對某件事「天生沒興趣」，其實只是缺乏理解與參與的機會。教育心理學家指出，興趣來自熟悉，而熱情則來自投入。當我們開始認真了解某件事情的來龍去脈、投入其中去體會它的意義，我們的態度也會自然改變。也因此，當你發現自己對某件事提不起幹勁時，不妨先試著了解它背後的意義，再透過實際行動去參與。

另一方面，熱情也能透過傳遞而放大。學會分享正向訊息，不僅能激勵自己，也能讓團隊充滿動能。許多頂尖業務員都有一個共同特質：他們總是樂於傳遞好消息、積極表達讚美。他們懂得在顧客面前展現真誠熱情，也知道如何在每一次拜訪中注入希望與動力。

心理學研究證實，擁有正向互動習慣的職場關係，更能建立信任、提升合作效率，進而在無形中強化整體工作表現。

習慣四　主動出擊

　　熱情不是一時的衝動，而是每天一點一滴的選擇與實踐。它表現在態度的正向、細節的用心，以及願意主動投入與傳遞正向能量的生活方式。一個人若能以熱情看待世界、以熱情面對他人，也會在無形之中改變自身的命運與周遭環境。

　　保持熱情，不只是對自己的成就負責，更是對人生的尊重與成全。當你選擇以熱情走在人生路上，成功，從來不會太遠。

3. 沒有跨不過去的挫折

　　人生若無挫折，將如白紙一張，沒有經歷過苦難的人，往往難以理解他人、不懂謙卑，也不具備扛起重任的承受力。在成長與探索的旅程中，我們遲早會遇上來自學業、職涯、情感或生活的各種打擊，而一個人的反應，正是其心理素質與人生觀的真實映照。

　　當有人在失敗中沉淪，陷入憤怒、沮喪與自我懷疑，也有另一群人選擇從困境中思考突破點，化阻力為助力，將逆境轉化為通往下一階段的階梯。心理學家卡蘿・德威克（Carol Dweck）於《心態致勝：全新成功心理學》（*Mindset: The New Psychology of Success*）中指出，擁有成長型思維的人會將挫折視為修正策略的契機，而非個人失敗的證明。這樣的態度，使人不輕言放棄，而是持續調整方向，直至跨越困難。

3. 沒有跨不過去的挫折

在這個過程中，若能建立「困難是挑戰智慧的舞臺」這種核心信念，我們不僅能抗壓，還能於一次次失敗中汲取經驗，鍛鍊出對未來的洞察力與自信。

從困境中堅持到底，才能踏出亮眼的一步

許多頂尖人物的成就，往往源自於他們面對挫折時的堅韌與不服輸。美國指揮家古斯塔沃·杜達美（Gustavo Dudamel）成長於委內瑞拉西部的城市巴基西梅托，一個經常受到貧困與治安問題困擾的地區。他的童年不僅物質匱乏，也缺乏穩定的學習環境。在許多人因社會動盪而放棄希望的同時，杜達美的父母選擇讓他加入由荷西·安東尼奧·艾伯魯（José Antonio Abreu）創立的「El Sistema」，一個專為弱勢兒童設計的音樂教育系統。

儘管有了學習音樂的機會，現實中的限制依然重重。樂器不夠用、練習環境簡陋，他甚至常常需要與其他孩子共用一把小提琴。在這樣的條件下，杜達美仍持續練習，並在十多歲時開始指揮學生樂團。他的指揮手勢有時被批評太誇張、技巧不夠純熟，但他並不氣餒，反而主動向資深音樂家請教，不斷調整、修正。

2004 年，年僅 23 歲的杜達美赴德國參加首屆「古斯塔夫·馬勒指揮大賽」（Gustav Mahler Conducting Competition）。對於從未離開過拉丁美洲的他而言，這不只是地理上的跨越，更是

習慣四　主動出擊

心理上的挑戰。他初到歐洲，面對陌生語言與文化，曾一度感到孤立與挫敗。比賽前夕，他甚至因為對自己的準備感到不安，考慮過要放棄。但最終，他選擇上臺，以毫不保留的熱情與音樂直覺征服了評審與觀眾，勇奪首獎。

從此，他開啟國際音樂之路，先後出任瑞典哥特堡交響樂團與洛杉磯愛樂的音樂總監。儘管站上了世界舞臺，杜達美始終沒有忘記那些在簡陋教室裡堅持過來的時光。他持續推動「El Sistema」理念，將音樂帶進全球更多貧困社區，幫助更多像他一樣的孩子，在逆境中找到出路。

杜達美的故事告訴我們：有些人被困難擊倒，有些人卻從困難中找到節奏。真正的成長，不是沒有挫折，而是願意在每一次想退縮的時刻，仍選擇再堅持一下。

從低谷出發的人，更懂得珍惜與創造

經歷過挫折的人，不僅變得更堅強，更能培養出深層的智慧與寬廣的視野。他們懂得同理他人，也更懂得如何從挫敗中汲取養分，重新出發。

一項刊登於《美國心理學期刊》的研究指出，那些在青年時期經歷過明顯失敗或人生低谷者，若能透過反思與支持體系走出陰影，在 30 歲後反而在職場與人際關係中表現更為出色。這說明了人生的厚度，是靠一次次跌倒爬起後累積出來的。一如

日出之前的長夜，挫折也常是轉捩點的前兆。

只要我們願意在失敗面前不逃避、不否定自我，而是冷靜分析原因、尋找資源並持續行動，那麼即使當下再難，也總會迎來新的曙光。從錯誤中學會謙卑，從挫折中孕育韌性，這正是讓一個人由內而外強大的關鍵。

挫折不該是我們止步的理由，而應是推動我們蛻變的動力。真正的成長，往往發生在失敗之後，關鍵不在於遭遇了什麼，而在於我們選擇如何面對。當我們學會不把失敗視為終點，而是看作人生考驗中的一段風景，我們便會發現，挫折其實是一道小坎——跨過去，世界就不同了。

4. 一念之間，天壤之別

許多人生的重大分岔，往往取決於極微小的心念變化。當我們在困難面前選擇退縮或挺進，背後驅動的，是我們對現實的詮釋方式。

心理學家馬丁·賽里格曼曾提出「習得性樂觀」的概念，強調正向心態可以強化面對逆境的能力。若你選擇相信困難是暫時的、可解的，行動就會隨之展開；反之，若你選擇消極放棄，便會陷入無力的惡性循環。這個道理在現實中屢見不鮮。

以日本品牌無印良品（MUJI）為例：2001 年，無印良品因

習慣四　主動出擊

過度擴張和管理不善，出現 38 億日圓的虧損，瀕臨破產邊緣。許多人認為這個品牌已走到盡頭，市場前景黯淡。然而，新任社長松井忠三並未氣餒，他認為問題的根源在於內部管理，而非品牌本身。他決定從制度改革入手，編制詳細的工作指導手冊，標準化各項業務流程，並推動全員參與的改革。經過三年的努力，無印良品成功扭虧為盈，重新奠定了在市場中的地位。

同樣面對困境，有的企業卻因恐懼或守舊而錯失機會，最終黯然退場。差別不在於環境，而在於領導者是否具備那一念之間的信念與轉念能力。

因此，關鍵時刻的一句「我可以試試看」與「這不可能成功」，看似無足輕重，實則足以決定人生的高度。

三種常見的「失敗心態」陷阱

生活中，我們常不自覺陷入幾種負面心態，進而限制了自身潛力。要走向樂觀，必須先認清這些限制性信念的樣貌，然後逐一拆解。

1. 年齡的藉口 ── 「我太老（太年輕）了」

年齡並非成就的絕對門檻。美國創業平臺創辦人里德・霍夫曼（Reid Hoffman）在 43 歲創立 LinkedIn，改變了全球商業人脈生態。反之，許多年輕人也在二十出頭就開創世界級事業。所謂的年齡限制，往往只是心理設限。

2. 學歷的藉口 ——「我不是名校畢業」

教育程度並非成功的保證，更非唯一門票。像是英國知名設計師湯姆・迪克森（Tom Dixon），原本沒有正規藝術學歷，卻因自學焊接與創作，在國際設計界站穩地位。真正關鍵的是持續學習的能力與行動力，而非學歷本身。

3. 資金的藉口 ——「我沒錢創業」

美國 Sweetgreen 創辦人三人組，在創業初期只有幾千美元起家。他們透過朋友集資、自己動手裝修第一家店，如今品牌市值已超過 10 億美元。資金不是起點的門檻，而是行動後可逐步整合的資源。

我們還需警惕「運氣不好」、「出身卑微」、「人脈不夠」這類心態毒素，它們表面合理，實則暗中蠶食行動的意志。心理學家卡蘿・德威克指出：「成長型心態」的關鍵，就是永遠將結果視為能力與策略的反映，而非命運的安排。

擺脫負面心態的四個實踐方法

要扭轉負面思維，不能只靠喊口號，而需要明確的策略與持續實踐。

1. 釐清恐懼的本質：「恐懼來自無知」

多數人害怕的，其實是對未知的投射。若我們主動理解它、接近它，就會發現原來恐懼並非不可戰勝。正如初學跳水

習慣四　主動出擊

者在踏上跳臺前總會害怕，但一旦跳下去，就會明白原來那並不如想像中可怕。

2. 對流言的正確態度：

如同林肯所言，「結果會說明一切」，不需耗費力氣反駁每一個流言。重要的是，把精力投入在自己能掌握的事情上。真正的影響力，是由穩定的行動與成果累積而成的，不是憑一時的口舌贏來的。

3. 遠離負面的人際環境：

人際圈是一面鏡子。與習慣找藉口、常抱怨的人為伍，很容易被其情緒同化。應選擇那些樂觀、自我要求高、勇於承擔的人為榜樣，讓自己的心理防線更強壯，也更具行動能量。

4. 逐步建立成功經驗，重塑信念：

不需一開始就完成宏大目標，而是從小處做起。例如主動接下一項難度略高的任務、學習一個新的技能或堅持完成一個30天挑戰。這些微型成功，會在潛意識中重建對自己的信任。

我們之所以成功，或失敗，常常只差那一個當下的念頭。一念之間，是選擇「我做不到」，還是「我可以試試看」？是選擇相信限制，還是堅持可能？你所選擇的那個念頭，決定了你要成為什麼樣的人。若你願意主動拆解藉口、正視恐懼、遠離負能量、累積小成就，你將發現：人生不再是等待改變的劇本，而是由你自己親手書寫的旅程。

成也一念，敗也一念，關鍵在於你願不願意，從現在開始改變這一念。

5. 懷抱希望

無論人生多麼難走，請你記得：只要還能呼吸，就還能希望。真正讓人倒下的，不是現實的打擊，而是內心先選擇放棄。

正如馬拉拉・尤沙夫賽（Malala Yousafzai）在她的聯合國演說中所言：「我們不能只等待別人替我們發聲。即使只是一支筆，也能帶來改變。」她在遭到塔利班槍擊後仍堅持為女孩受教權發聲，從巴基斯坦鄉村走上世界舞臺，最終成為諾貝爾和平獎得主。

當一個人為了希望而活，無論現實多麼殘酷，都能激發出勇氣、熱情與改變世界的洞察力。

真正的強者，是即使孤身也不放棄希望的人

你也許會在人生某段路上，發現自己無人作伴、無人理解，甚至被現實逼入絕境。但請你記得，孤單不是失敗，而是一種選擇面對的狀態。希望從不偏心，它對每個人都一視同仁；只要你不放棄它，它就不會拋棄你。

習慣四　主動出擊

太早放棄希望的人，常常連機會都還沒來得及靠近就已經轉身離去；而那些始終不放棄的人，雖然路走得慢一點、累一點，卻總能走得遠、走得深。你可以風雨兼程，也可以披荊斬棘，但無論用什麼方式前行，都請牢牢握住那一絲希望，它會為你撐起另一片天地。

把希望放在心上，再沉的包袱也能放下

人生難免遇到十有八九的不如意，有時候我們會卡在某個陰影裡無法自拔，背著失敗的包袱、懊悔的過往、被否定的聲音。然而，真正值得記住的，不是那些讓你無力的回憶，而是讓你重拾力量的信念。如果你願意在心裡放下那些不值得帶著走的痛，就能換來一顆更輕盈的心，去承載希望的重量。

努力本身就是希望的證明，而堅持是希望的延續。你會發現，希望不是遙不可及的奇蹟，而是每一個盡力以赴的今天。當你一步步跨過陰霾、越過迷霧，終將迎來屬於你的晴朗日子。

人生再難，只要不放棄希望，就沒有什麼是終點。希望不是一句口號，而是一種選擇，是面對風雨時仍願意邁出腳步的勇氣。請你相信——只要帶著希望上路，終有一日，那條路會因你而發光。

習慣五
勤勤懇懇

> 凡事若想做到卓越,就不能抱持僥倖之心。每一項成就的背後,都有長期投入與反覆打磨的痕跡。唯有日復一日地悉心投入、不輕忽任何細節,才能從平實中累積厚度,終至純熟自如,水到渠成。

習慣五　勤勤懇懇

1. 不懈前行，沒有終點

古人說「天道酬勤」，至今仍是人生法則中最穩固的根基。在這個變動快速的世界，唯一不變的通則就是：誰比別人多一分努力，就多一分掌握未來的可能。無論天賦如何，最終拉開距離的，是持續投入的時間與專注。

勤奮，從來不是為了立即見效，而是讓你在默默累積中，逐漸擁有與眾不同的實力與氣度。想要在某個領域出類拔萃，沒有任何取巧的方式，唯有一步一腳印地投入，才能在時間的淬鍊下「爐火純青」。

從平凡中踏實累積，才能磨出非凡

許多成就非凡的人，其實都來自最平凡的起點。加拿大知名科學家珍妮弗・道德納（Jennifer Doudna），在青少年時期只是一名對生物略感興趣的高中生，但因著每日不間斷的實驗紀錄與自學筆記，逐步打開了生命科學的大門。她並非出身名門，也非天資卓絕，而是靠著持續不懈的求知態度與對細節的嚴謹要求，最終與同儕共同開發出「CRISPR 基因編輯技術」，於 2020 年獲得諾貝爾化學獎。

真正的頂尖成就，不是來自靈光一閃的直覺，而是無數看似枯燥卻日復一日的扎根與磨練。勤奮不只是動作，更是一種

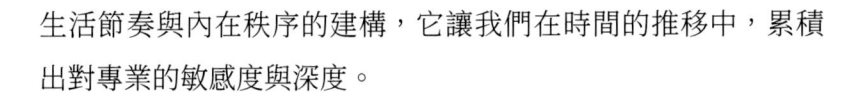

生活節奏與內在秩序的建構，它讓我們在時間的推移中，累積出對專業的敏感度與深度。

培養勤奮，是一生最有價值的投資

許多人的失敗並不是因為能力不夠，而是過早放棄努力，或誤信所謂的捷徑。與其追逐快速成功的幻象，不如誠實面對現實、腳踏實地地把每一天過得紮實。

勤奮，不只是工作時的積極，也是生活中對細節的認真——用心整理一份報告、認真看完一本書、堅持每天學習一個技能。這些看似微小的堅持，在歲月的累積下，會成為你與他人之間無法忽略的差距。

心理學研究指出，一個人的「自我紀律」與長期成就有高度正相關，而勤奮正是自我紀律最核心的體現。若你能將勤奮養成一種習慣，不論未來環境怎麼變動，你都能保有穩定推進的力量，並在關鍵時刻抓住機會。因為真正的幸運，往往只降臨在早已準備好的人身上。

勤奮不是短跑，而是一場長期耐力賽。它需要你日積月累地堆疊、專注、琢磨，從平凡中一步步走出不凡。若你能將「努力」變成每日習以為常的選擇，那麼終有一天，你會在自己的領域中發光發熱，不只是成功者，更是值得敬佩的人。

習慣五　勤勤懇懇

2. 努力從來不會白費

若想成就一番事業，關鍵從來不在於是否出身優渥、資質超群，而是是否願意日復一日地投入時間、克服挫敗、累積經驗。世人總愛讚嘆天才的閃光，卻忽略了背後那長年累月的默默耕耘。

心理學研究早已指出，所謂的「天賦優勢」往往只有在特定條件下才能產生作用，而真正讓人脫穎而出的，是一種叫做「非智力因素」的特質——例如毅力、自律、抗挫力與對目標的執著。這些都不是與生俱來的，而是透過實踐與選擇培養出來的能力。美國教育心理學者安琪拉・達克沃斯（Angela Duckworth）稱之為「堅毅」（grit），並指出，這種特質才是長期成就的最大預測因子。

不放棄的行動力，才是成才的底層邏輯

成功看起來光鮮，實際上卻往往是場漫長的抗戰。

英國作家 J・K・羅琳（J.K. Rowling）在撰寫《哈利波特》（*Harry Potter*）時，正經歷人生最低潮的時期——她剛離婚，身為單親媽媽帶著女兒生活拮据，靠政府補助勉強度日。她形容那時候的自己「一無所有，除了想寫小說的堅持」。她在愛丁堡的咖啡館裡，一邊照顧女兒、一邊拿著筆記本默默寫作，把

2. 努力從來不會白費

腦海中的魔法世界一頁頁寫出來。當書稿完成後，她投遞給多家出版社，接連遭到十多次拒絕。直到一家小型出版社願意給她一個機會，《哈利波特》才終於得以面世。後來的故事，便是全球現象級的魔法傳奇。

與此同時，在大西洋彼岸，美國音樂劇創作者林－曼努爾·米蘭達（Lin-Manuel Miranda）也在進行一場漫長的創作旅程。米蘭達在 2008 年讀到《漢密爾頓傳》（*Alexander Hamilton*）後受到啟發，開始投入創作。這部作品挑戰重重：它結合嘻哈、R&B 與百老匯風格，講述美國建國元勳的故事，既冷門又冒險。他用了整整六年完成劇本與音樂，期間不乏質疑與創作瓶頸。但他不曾停筆，反覆琢磨每一個押韻、每一段節奏，終於讓《漢密爾頓》（*Hamilton*）在 2015 年首演後大獲好評，成為改寫百老匯歷史的代表作。

羅琳與米蘭達的故事都說明了一件事：成功從來不是來自一時的才華爆發，而是來自無數日子裡的堅持、挫敗後的修正，以及咬牙繼續走下去的勇氣。

你播什麼種，就收什麼果

自然界有春種秋收的規律，人生也一樣。沒有哪一種成功是不勞而獲的。你願意投入多少，就會收穫多少。若你只是期待快速成果卻不願付出，就只能眼睜睜看著別人在你之前收成。

習慣五　勤勤懇懇

人生如田，沒有白走的路，每一滴汗水都在為你鋪設未來的路徑。這也是為什麼在創作、科研、體育等任何專業領域中，真正站上高峰的人，從不仰賴一時的靈感或偶然的機會，而是經年累月地修煉基本功、調整心態、克服停滯。

成功並不偏愛誰，只獎勵那些願意從平凡起步、不懼艱難的人。最終，你所收成的每一顆果實，無不是自己親手播下的種子。

成就從來不是命運的饋贈，而是每日耕耘的結果。當你不再問「我有沒有天分」，而是開始問「我還能多努力一點嗎」，你就已經邁出與眾不同的第一步。

願我們都記住這句話：你種什麼，就會收什麼；你願多努力一點，就會比別人多靠近一點夢想。

3. 一步一腳印才能走上頂峰

世上從來沒有毫不費力的成功，所有看似輕盈自如的人生背後，其實都是無數次咬牙堅持與默默累積的結果。若問通往夢想的最佳方式是什麼，答案其實再簡單不過：就是勤奮。

不論你出身優渥還是平凡，只要持續付出，就會在時間的河流中累積自己的份量。勤奮，不只是個人習慣，更是一種對人生負責的態度。真正有所成就的人，不是贏在起跑點，而是從未在中途停下腳步。

3. 一步一腳印才能走上頂峰

從零開始的人,更知道努力的意義

籃球界的傳奇人物麥可‧喬丹(Michael Jordan),在多數人眼中似乎是天生的贏家,但他的故事其實與「天才少年」毫無關聯。

在高中時,他曾被學校的籃球校隊拒於門外,原因是「個子不夠高」。這對一個懷抱夢想的青少年來說無疑是一記重擊。很多人或許會因此放棄,認定自己不是那塊料,但喬丹沒有。他把這份挫敗化作動力,每天清晨比別人早起練習,晚上加倍苦練投籃與體能。他說:「我練習,是因為我不想讓自己有任何藉口。」

幾年後,他不僅進入了北卡羅來納大學校隊,還在 1984 年被芝加哥公牛隊選中,正式踏上 NBA 之路。他職業生涯中獲得六次總冠軍、五次 MVP,以及無數榮譽,更重要的是,他在比賽中從不懼怕失敗,而是用每一次失誤告訴自己:「下一球會更好。」

麥可‧喬丹的經歷讓人明白:成功從來不是一開始就屬於某些人的禮物,而是願意不斷努力、不輕言放棄的人,慢慢用時間與汗水換來的成績單。

習慣五　勤勤懇懇

堅持到最後一刻的人，才真正配得上勝利

每一段艱難的路程都是一次自我淬鍊。無論是創業、創作、還是專業精進，沒有人能一次就成功。Netflix 如今是串流影視產業的全球巨頭，但它的崛起並非一帆風順，也絕非靠「第一名出場」致勝。

1997 年，Netflix 創立之初，是一家透過郵寄 DVD 的租片公司，模式新穎但市場狹小。初期他們曾試圖將公司賣給當時的領導品牌百視達（Blockbuster），但對方婉拒了這樁交易。那時的 Netflix 規模小、資金緊，遠遠不是市場上的領跑者。

真正的轉折點，來自於他們對「未來」的堅持與布局。2007 年，Netflix 預見數位內容的趨勢，毅然投入串流平臺的開發。儘管初期用戶不習慣、內容資源有限，但他們一步步改善技術、拓展版權，並開始製作自有影集，如《紙牌屋》(House of Cards)、《怪奇物語》(Stranger Things) 等。外界看來，這些嘗試風險極高，但 Netflix 持續投入、不斷優化，最終在競爭激烈的娛樂產業中站穩腳步。

Netflix 的故事證明，領先不是關鍵，持續走下去才是。從被拒絕的小公司，到改寫全球娛樂版圖，它靠的不是一開始就有的優勢，而是咬牙堅持的每一步。

所有能夠站上頂點的人，背後都有一段沒被看見的堅持與磨練。勤奮是最樸素的力量，卻也是最可靠的武器。不要輕言

放棄、不要急於求成，只要你持續耕耘、穩紮穩打，終將看見屬於自己的光亮。

夢想不是屬於最快的人，而是屬於永遠不肯停下的人。

4. 越努力，越接近成功

許多人總希望找到一條通往成功的「快速道路」，但走遍人生交叉口之後才發現，那條路上寫的永遠都是「勤奮」兩字。

在這個瞬息萬變、人才濟濟的時代，想要在人群中脫穎而出，就必須要有比他人更穩定、更持久的努力。沒有一個人天生懂得如何成功，只有一種人會走得比較快——那就是願意在他人休息時繼續堅持努力的人。

某設計公司的首席設計師曾說：「創意不是從天而降的禮物，而是來自每天一點一滴的訓練與思考。」她在剛進公司時，只是一位平凡的新手，設計理念也常常被打回票。然而，她每天都自我加壓閱讀產業報告、主動請教資深同事，並自發性重繪每一個專案流程。五年內，她從設計助理變成設計主管，靠的不是靈感，而是日復一日的練習與改進。她用行動證明：生性懶惰、卻妄想出類拔萃的人，終將被現實撞得頭破血流。

習慣五　勤勤懇懇

不怕起點低，只怕自己不肯前進

美國開國元勳班傑明・富蘭克林（Benjamin Franklin），一生橫跨印刷、外交、發明、文學與政治等多個領域，是啟蒙時代的代表人物。但他的起點，其實並不體面。

他出生於一個貧困家庭，是家中 17 個孩子中的第 15 位。由於經濟拮据，他在 10 歲那年便被迫輟學，早早進入哥哥的印刷廠當學徒。每天的工作繁重、環境簡陋，他卻沒有放棄學習。他靠著閱讀報紙與書籍自學寫作與哲學，還主動寫匿名投書練習文筆。後來，他憑藉自身努力，創辦了《賓夕法尼亞公報》（The Gazette），成為當地最具影響力的出版人之一。

更難得的是，他沒有讓知識只停留在書本。他發明了避雷針、雙焦眼鏡、富蘭克林爐，並設計郵政制度與公共圖書館，推動科學與社會進步。最終，他成為美國憲法的起草人之一，也成為歷史上少數橫跨文學、科學與政治的通才。

沒有誰的成功是偶然，只有無數次選擇「繼續努力」之後，那些困難才慢慢讓路。

勤奮不是天性，而是一種選擇

在通往夢想的路上，許多人並不是被現實打倒，而是被自己的惰性耽誤。明明知道目標是什麼，卻總是找藉口推遲，或因為起步慢就提早放棄。成功者與平庸者的分水嶺，正是在於

是否願意多堅持一次、多嘗試一遍。

你可以沒有資源,但不能沒有行動力;可以一開始不懂,但不能永遠不學。要知道,真正能通過時間考驗的,不是天賦,也不是運氣,而是那些不怕慢、只怕停的人。

你越努力,就越接近成功。世界不會因為你的懶散而停下腳步,也不會因為你曾經辛苦就保證成果。唯有將勤奮變成習慣,將進步變成日常,你才有機會用自己的腳步,走出屬於自己的高度。

真正的捷徑,不是省略過程,而是持續不懈地往前走。

5. 成功不會辜負敬業的人

成功從不是偶然,更不會青睞漫不經心的人。真正能在職涯中創造價值並脫穎而出的人,往往有一個共通點——他們將工作視為志業,願意投注時間、心力,甚至承受常人難以想像的壓力與挑戰。

所謂「敬業」,不是加班的代名詞,而是願意為了目標做到最好、為了熱愛的事堅持到底的選擇。正如那句話所說:「雙手插在口袋裡的人,永遠爬不上成功的梯子。」

美國建築師珍妮・甘(Jeanne Gang)就是這樣一位把專業與熱情融合為一的代表人物。她所創立的 Studio Gang 事務所打破

習慣五　勤勤懇懇

傳統建築界的性別限制，其作品結合永續、生態與城市文化，在國際上屢獲殊榮。她的代表作芝加哥 Aqua Tower，獨特的波浪立面設計不僅兼顧美學，也有效減少風壓與能耗，成為女性建築師設計的最高住宅大樓之一。這些成就的背後，是她多年如一日對建築細節的投入，以及對「建築如何與社會對話」的深刻思考。

全心投入，讓專業成為生命的一部分

珍妮・甘常說：「一個好的設計，從不是突如其來的靈感，而是長時間對人與空間關係的觀察與研究。」她的同事提到，她經常在施工現場一待就是一整天，親自與工人討論材料與結構細節，甚至深夜還在修改建模圖。

某次她為一項位於密西根湖畔的公共建設案，連續 8 週每天清晨 5 點到場觀察日照與風向變化，為的只是確保光線進入公共空間的角度最舒適自然。她對自己的要求嚴格到近乎苛刻，不為展示，而是源自一種對專業的敬畏與對使用者的責任感。

也正因為她對工作的敬業與堅持，她在 2019 年被《時代雜誌》評選為全球最具影響力的百大人物之一，並成為第一位受邀設計哈佛大學甘迺迪學院新館的女性建築師。這份榮譽，並不是因為她的知名度或行銷手段，而是她用多年如一日的投入與堅守，讓自己的專業跨越性別、文化與世代的藩籬。

敬業不是燃燒，而是讓熱情不滅

敬業不等於燃盡，也不代表要無止境地犧牲自我，而是在疲累與困頓中，依然記得自己為何而起、願意再多走一步。

敬業，是一種能讓人從平凡中持續發光的內在動力。珍妮·甘曾說：「如果我對一件事失去了好奇心，我就無法好好設計它。」這種敬業精神，不是來自外在壓力，而是來自內在願意「不斷再投入」的自我驅動。

她的職涯告訴我們，只有把所做的事情視為生命中不可或缺的一部分，我們才有可能做到極致，也才配得上所謂的成功與掌聲。

敬業不是為了別人看的堅持，而是出於對夢想與責任的認真。當你願意為所愛全力以赴，當你不再把工作當作負擔，而是成就自我、影響世界的機會，你就已經在通往成功的路上。

敬業不只是一種態度，更是一種選擇——讓你在眾人中脫穎而出，也讓你的人生因此變得有重量、有光芒。

6. 態度決定成敗

在成就一番事業的過程中，態度常常比天賦重要。你投入的方式，決定你能走多遠。許多時候，成功不過是勤奮的延伸；

習慣五　勤勤懇懇

而失敗，則常源於懶惰與拖延。所謂「成事在勤，敗事在惰」，正是對現實最直接的總結。

勤奮並非抽象口號，而是具體而微的自我管理——能否在沒人監督時依然自律？能否在不被看見的時候默默耕耘？這些細節，往往決定了個人的高度與格局。

在一個競爭激烈、變化快速的世界裡，成功從來不靠運氣，而是對工作的認真態度與日復一日的努力堆疊。斯圖爾特·巴特菲爾德（Stewart Butterfield）原本是一位哲學碩士，創業初期並不順利。他在 2000 年代中期與夥伴開發了一款線上遊戲《Glitch》，花了數年全力投入，卻因商業模式無法成立而被迫下架。然而他並沒有因此放棄，反而在整理開發過程中使用的內部通訊工具時，發現它能解決遠端協作的溝通問題。於是他轉向開發這款工具，最終在 2013 年推出了今天大家熟知的 Slack。

Slack 的成功並非來自一時靈光乍現，而是巴特菲爾德在失敗之後不氣餒，將每個細節重新審視、將原有資源重新利用的結果。他曾說：「我們不是靠天才發明了 Slack，而是靠十年的辛苦工作，才發現了一個正確的轉彎。」

能持續前行的，不是從未跌倒的人，而是即使失敗也依然願意勤奮向前的人。

勤奮不是裝飾，是人生的基本功

當我們談論以勤奮彌補自身不足，最終取得卓越成就的現代人物時，史蒂芬・霍金（Stephen Hawking）的故事是一個引人深思的例子。

霍金在年輕時被診斷出患有漸凍人症（ALS），這種疾病逐漸奪去了他的行動能力，最終使他全身癱瘓、無法言語。然而，他並未因此放棄對科學的熱愛和追求。儘管身體受限，霍金依然通過特殊的溝通設備進行研究和交流，並在宇宙學和黑洞物理領域取得了重大突破，成為全球最著名的理論物理學家之一。他的故事證明了，即使面對極端的身體挑戰，通過堅持不懈的努力和對知識的渴望，仍然可以在專業領域取得卓越成就。

霍金的經歷提醒我們，真正的成功往往源於對夢想的執著追求和不懈努力，而非僅僅依賴天賦或外在條件。

我們總以為成功者都有過人天賦，卻忽略了他們更強大的，是那份即使面對質疑也仍努力不懈的決心。

用踏實行動，移動你的人生高山

成功沒有奇蹟，只有堅持與行動的累積。無論前方是陡峭山徑還是平坦小路，那些能夠走到終點的人，都不是因為走得快，而是從未停下。無論你資質如何、條件如何，只要你持續耕耘、每天比昨天多一點努力，那麼你的進步就會一點一滴堆

習慣五　勤勤懇懇

疊起來,最終成為他人無法追趕的厚度。

　　成功不是因為你與生俱來地強大,而是你選擇了不斷精進、不輕言放棄。對理想忠誠的人,不靠幸運過活,而是靠日復一日的自我磨練與推進,用勤奮穿越懶惰的障礙,終有一天會走到屬於自己的光亮處。

　　若你想讓人生真正改變,不是靠等待機會或渴望奇蹟,而是從每一個當下的選擇開始。你選擇了勤奮,也就選擇了未來會有更多可能;你一旦鬆懈,世界也會立刻將你拋下。

　　成功沒有省略號,它從來只獎勵願意踏實努力、不偷懶的人。守住「勤」字,戒掉「懶」字——這不是一句勸世話,而是一種通往圓夢的必經之路。

習慣六
學習不止

> 古人說:「學如逆水行舟,不進則退。」這句話至今依然不過時。真正聰明的人,並非知道最多,而是明白自己永遠不可能知道全部,因此願意不斷學習、反思與更新。

習慣六　學習不止

1. 謙虛，是學習的起點

謙遜，是知識的入門票，是打開視野與理解的鑰匙。若以為自己已經知道得夠多，就等於關上了成長的大門。相反地，真正的高手總是保持「空杯心態」，願意虛心請教、細細聆聽，即使面對初學者的觀點也能獲得啟發。

這個道理，也體現在制度設計中。芬蘭，這個長年被評為全球教育體系最優質的國家，並不將學歷或年齡視為學習的終點。2000 年以後，芬蘭政府積極推動成人教育和跨齡學習政策，強調「從搖籃到墳墓」的學習架構。不只學生，連教師、醫護、技術人員等專業人士，也被制度鼓勵持續進修。這個國家的勞動力即便在退休年齡前夕，仍能透過補助與再訓練，重新跨入新的職業領域。芬蘭的終生學習體系，讓它在全球科技、創新與社會福祉指標上始終名列前茅。

學習不僅是求職或升學的工具，更是一種生存之道與自我實現的方式。唯有放下自滿與倨傲，才能在時代的浪潮中保持彈性與競爭力。

學習，是與變動世界對話的能力

在這個知識更迭迅速的時代，昨日的專業今日可能已遭淘汰。無論你是工程師、設計師、老師，或是一位自由工作者，

如果不願意更新自己的知識系統，就會漸漸脫節。學習，不再只是學生的責任，而是每一位現代人的必要功課。

終生學習不必拘泥於課堂，也不限於取得學位。你可以透過閱讀一本新書、修習線上課程、參加研討會、請教比你年輕或年長的人，甚至是反思一段失敗經驗。學習是一種內在的驅動力，它需要謙虛作根、好奇作葉、反思為花、實踐結果。

試想，如果你對生活已經沒有任何問題想解決，沒有任何事物想探索，那麼日子將變得多麼單調？學習不只是填補知識的空白，更是讓人生保有豐盈與可能性的方式。那些對世界還保有疑問的人，才有機會在未來找到新的答案。

知識的厚度，決定你未來的高度

奧里森·斯維特·馬爾登（Orison Swett Marden）曾說：「世界是最偉大的學校，只要你張開眼睛與心靈，每一秒都是學習的契機。」學習不是為了擁有一張證書，而是為了讓自己對未來更有掌控力。人生會遇到不同的關卡，而知識正是幫你打開每一道門的鑰匙。

在學習的過程中，請務必給自己一個目標，並為此持續耕耘。也許是精進一項技能，也許是理解一種觀點，也許是補強一項弱點。重點不在進步多快，而在你是否每天願意進一小步。別忘了，真正有價值的能力，是不斷更新自我、保持思辨與實

習慣六　學習不止

踐力的學習習慣。

這個世界不會為任何人停下來,唯有持續學習、永不自滿的人,才能在前進的洪流中站穩腳步。不論年齡、背景或階段,學習都是通往更好自己的橋梁。願你我皆能保持一顆謙卑學習的心,將知識轉化為行動,把學習成為一生的習慣 ── 如此,智慧不會設限,人生也不會停滯。

2. 擁有多元技能,走得更遠

在當今高度競爭的社會中,單一技能已難以應付多變的職場挑戰。一個人若希望在未來的變動中持續站穩腳步,就需要不斷充實自我,建立「一專多能」的能力結構。不只擁有一項深耕的專業,更需具備跨領域的應變力與持續學習的動力,才能在激烈的職場競爭中保有選擇權與話語權。

所謂「一專多能」,指的不只是具備第二專長或跨域技能,更是一種多角化思維與長期進修的生活態度。以現今的勞動市場為例,企業在招募時除了看重專業證照與經歷,也會考慮應徵者是否具備溝通能力、語言能力、數位素養,甚至能否適應新技術與新產業的節奏。若一個人只是守著過往所學、原地踏步,很快就會在不斷更替的產業中被取代。

事實上,許多跨界成功的例子都證明「一專多能」的重要性。

2. 擁有多元技能，走得更遠

以日本知名建築師妹島和世為例，她雖然專攻建築設計，卻也積極涉獵都市規劃、產品設計，甚至與時尚品牌合作，成功建立出多元而具有前瞻性的創作版圖。這種從本業出發，逐步拓展至其他領域的「T型人才」模式，已逐漸成為新世代職涯發展的理想藍圖。

再看近年科技產業的趨勢，一位程式設計師若同時懂得資料分析與使用者體驗（UX），其價值將遠高於僅具寫程式能力的工程師；一名行銷人若同時掌握數位工具與基礎數據視覺化技能，也更能精準回應市場需求。

根據世界經濟論壇（World Economic Forum）發布的研究，未來最受企業青睞的職能正是「主動學習」、「多元知識融合」與「適應新科技的能力」。

此外，「一專多能」不僅是職涯的加值策略，也能成為人生轉彎處的備案。有一位原本在出版業擔任編輯的朋友，在產業逐漸萎縮後自學了簡報設計與影片剪輯，如今轉型為企業內訓講師與自媒體經營者，不僅收入提升，也擁有了更大的時間與發展自由。她曾說：「當時不是我主動想離開，而是環境逼我學習多一點。」但正因為她願意轉念、多學、持續練習，才有機會化危機為轉機。

當然，「多能」不代表淺嘗即止，而是在精通一領域後持續向外延伸，逐步累積不同技能的深度與厚度。你可以從自己感興趣或工作中常接觸的領域開始延伸，例如設計師學專案管

習慣六　學習不止

理、教師學簡報技巧、會計人員學習商業分析工具等，每一項技能的累積，都可能成為未來職涯中的關鍵籌碼。

正如俗諺所說：「藝多不壓身。」現代社會需要的，已不再是只會一技之長的單工人才，而是能快速轉換、整合與溝通的多工型專業者。當我們願意保持學習彈性與開放心態，在多變的世界裡，就能擁有更多機會與選擇。以終身學習為基底，以專業為根本，以多元技能為展翼，人生的發展空間自然更加寬廣。

3. 工作不是學習的終點

在現代社會，高等教育雖然是一項重要的學歷資歷，象徵著個人的基礎知識與受訓程度，但僅僅擁有文憑遠遠不夠。根據許多研究顯示，知識的有效期限正快速縮短，在這樣的知識淘汰速度下，許多專業知識往往幾年內就會過時。真正支撐一個人持續成長的關鍵，往往是在工作中不斷學習的能力與習慣。

(一) 學校教育：基礎與專業的起點

從小學到中學，學校教育主要提供通識性的學習內容，如語文、數學、自然科學等，協助我們建立起邏輯推理與自我學習的能力。而到了大學，教育重點轉向專業知識的培養，例如工程、設計、醫療、經濟等不同領域的專業訓練。

然而，現今社會要求學生在尚未具備足夠職涯經驗前，就必須為未來定下方向，這樣的制度往往會導致許多人在入學後發現自己選錯了專業。若能依照個人興趣及能力重新調整學習內容，不僅能提升學習效率，也有助於未來的發展。因此，無論選校或選系，更重要的是建立正確的學習心態與自我探索的能力。

此外，大學教育普遍納入外語能力與資訊素養的課程，如英文與電腦操作，這正是因應全球化與數位轉型的需求。唯有在學校階段奠定堅實的基礎，未來進入職場時才能迅速適應並持續進步。

(二) 工作中學習：從實戰中精進專業

畢業進入職場後，我們所學的知識通常僅占一生所需知識的十分之一，剩下的九成則是在實際工作中逐步習得。根據麥肯錫（McKinsey & Company）的調查，企業對員工的期望早已超越單一技能，而轉向「終身學習者」（lifelong learner）的能力。

在職學習具備高度針對性與實用性，它讓學習與工作環環相扣，學到的知識立即可以轉化為產能。例如，工程師在專案執行中學習新的程式語言；行銷人員根據市場反饋快速掌握社群平臺的趨勢；設計師也不斷接觸新工具與跨域思維。正因如此，許多企業也開始重視在職訓練與內部再教育機制的建立，藉以提升整體競爭力。

習慣六　學習不止

(三) 職業教育：緊扣實務地充電

近年來，歐洲許多國家強調以職業教育來補足傳統學歷的不足，像是荷蘭、德國、芬蘭等地，職業學校的學生不僅容易找到工作，甚至能晉升為企業中階甚至高階主管。

在歐洲，「職業教育」不再被視為青春期選擇的一條職涯捷徑，而是跨越年齡與產業的長期學習架構。根據歐盟職業教育與訓練政策的核心精神，職業學習已由傳統教室延伸至線上平臺、企業實習、顧問制教學與彈性進修課程等多元形式。這種靈活學習模式，讓各年齡層都能在轉職、升遷或技能補強的過程中，隨時回到「學習」的狀態中。

歐盟更將「終身學習」視為社會與經濟競爭力的基礎，並在成員國之間推動核心素養評量，確保每個人都具備在變動時代中持續進化的能力。

在這樣的制度設計下，學習不再與學歷畫上等號，而成為一種能隨時啟動、隨時轉彎的職涯資產。

職業教育的普及不僅降低了失業率，也提供勞動市場多樣化的人才來源。在快速變遷的產業結構中，透過職業教育補充技術與管理知識，是面對未來最務實的策略。

(四) 書籍閱讀：知識最便宜的投資

在學習資源爆炸的時代，閱讀書籍依舊是最穩定也最經濟的知識來源。從少年時期建立閱讀習慣，到中年用書滋養心靈，再到老年以書陪伴人生，閱讀帶來的不只是知識的累積，更是一種思維的提升與視野的拓展。

美國前總統哈利・S・杜魯門（Harry S. Truman）便是一個經典例子。他雖未接受正規大學教育，卻靠著長年累積的閱讀習慣，在總統任內成功領導國家度過二戰結尾與戰後重建。他精讀《大英百科全書》（*Encyclopædia Britannica*）、莎士比亞全套作品、以及許多經典小說，藉由閱讀開展思考，並養成迅速決策的能力。他曾說：「不是所有的讀書人都是一位領袖，但每位領袖一定是個讀書人。」

現今企業領導人也多將閱讀視為日常習慣。根據《哈佛商業評論》的統計，全球五百大企業的執行長平均每週閱讀 30 篇專業文章或書籍摘要，一年下來超過 1,000 筆資訊。若你每天花 15 分鐘閱讀，一年就能讀完 12 本書；若每年閱讀 25 本書，10 年便能累積 250 本，這些知識將成為人生事業的強大後盾。

正如比爾蓋茲（Bill Gates）所說：「知識更新的速度越來越快，如果我們不學習，就會被時代拋在後頭。」

學習並非只存在於校園內，而是一場貫穿一生的旅程。從學校教育打下基礎、在職場中持續精進、透過職業教育銜接

習慣六　學習不止

實務需求，再到持之以恆的閱讀累積深度，每個學習形式都讓我們更有能力應對變動的世界。終身學習，才能讓人生不斷進階，迎向更高的目標。

4. 學無止境，成長不止

學無止境，成功需要終生學習，每一個想要持續發展的人，都應該認識到學習將是終其一生的課題。

在過去，一項技藝或知識可能夠讓人安身立命一輩子，但如今已大不相同。今日仍被廣泛應用的技術，明日可能就已過時。知識與技術的更新速度遠超以往，若想跟得上時代的腳步，唯有持續學習。

早在數千年前，荀子就曾提出：「學不可以已。」人若不學習，便容易落入停滯與退步。若從自我成長與發展的角度來看，一旦學習停滯，也就代表成長與進步的終點。

對多數人而言，我們尚未談及什麼人生巔峰，更多時候仍處於為生計打拚、為未來累積實力的階段。倘若停止學習，將逐漸與時代脫節，甚至可能被社會淘汰，談何自我實現？

人的潛能遠超乎想像，成功沒有終點，學習也理應無止境。唯有不斷學習，才有不斷提升的可能。

4. 學無止境，成長不止

然而，有些人在初嘗成功後便自滿止步，這樣的成功雖值得祝賀，卻難令人敬佩。真正令人敬仰的，是那些持續挑戰自我、永不止步的人。

「活到老，學到老」，這句話對現代人而言更顯真切。若一旦停止學習，將很難在變化快速的社會中穩住腳步。

一位法國工程師原本在製造業中擔任品質管理職位，但在30多歲時，她意識到自身對資料科學產生強烈興趣，並觀察到這項技能未來將廣泛應用於產業流程優化。於是，她一邊工作一邊學習，報名開放式線上課程，同時參與本地的開源社群。歷經3年不間斷的學習與專案實作，她順利轉職為資料分析師，現任職於一家能源科技公司，負責智慧電網資料的運用策略。她曾表示：「不論年紀幾歲，知識的門永遠敞開，問題是你願不願意走進去。」

許多人總為自己找藉口：「我年紀大了，學不動了」、「生活太忙，沒時間學習」，這些話說穿了只是自我設限與不願改變的藉口而已。

其實，人生的價值就在於不斷學習與蛻變，只有持續學習的人，才能在人生路上不斷邁進，擁有收穫與成就。學習，不該是年輕人的專利，而是一輩子的責任與榮耀。

習慣六　學習不止

5.「真能力」勝過「假學歷」

　　在知識快速演進的時代，真才實學遠比一紙文憑來得實在。文憑只是學習過程的一個階段性成果，無法代表一個人未來的實力與潛力。若沒有持續學習與實作的習慣，再耀眼的學歷也會逐漸被淘汰。

　　正如俄國文學家馬克西姆・高爾基（Maxim Gorky）所說：「社會是一所最好的大學。」這所「學校」沒有教科書，卻能教會你因應變化、解決問題、磨練意志。它不看你是名校畢業還是自學上路，只看你是否願意主動學習，是否能在日常生活與職場中汲取實用知識、累積經驗。

　　學習，不該受限於教室與課堂。一個真正有心學習的人，即便身處困頓也能尋得出路。在現實生活中，許多無法升學的人，透過社會歷練與自我磨練，反而成為真正具備專業能力的實務人才。這些人雖然缺乏學歷的光環，卻憑藉實力與態度贏得社會的尊重。英國企業家喬・路易斯（Joe Lewis）正是最典型的例子。

　　他在 15 歲那年便輟學，接手經營父親位於倫敦的餐飲業務。沒有高等教育背景，也沒有任何管理學位，他靠著觀察顧客行為、研究市場趨勢，以及一次次親身試錯的歷練，逐步將家族企業轉型成服務高端旅遊市場的貿易平臺。後來，他更將目光拓展至全球外匯與地產投資市場，創立投資公司 Tavistock

5.「真能力」勝過「假學歷」

Group，並持有多家企業與地產資產。

儘管他沒有學歷加持，也從未在象牙塔裡學習財務理論，但他憑藉數十年來的實戰經驗與對學習機會的主動把握，最終累積了數十億美元資產，成為英國著名的自學型富豪之一。

喬‧路易斯的故事證明，學習從來不只有一種形式。對於真正有心成長的人而言，社會歷練、本業經驗、失敗教訓，都能成為最實用的教科書。

與此同時，我們也看見了另一種對比。有些人取得大學文憑後，誤以為知識學習到此為止，進入職場後卻因缺乏進一步的學習與自我要求，在競爭中逐漸落後。當企業開始要求數位技能、跨領域能力或國際視野時，這些人若未能與時俱進，就可能陷入求職不順與職涯停滯的困境。

真才實學並非天生，而是源於持續不斷的努力與實踐。一個人若能虛心向生活學習，從錯誤中成長，從實作中總結，便能在知識與經驗的累積中走出屬於自己的道路。學習的場域不再侷限於學校，而是擴展到職場、社群、網路、甚至人與人的互動之中。

此外，世界各地的用人標準也在轉變。過去強調學歷的時代逐漸讓位於「能力導向」的評估方式。許多企業不再僅看文憑，而更關注求職者是否能解決問題、是否具備學習新技術的能力、是否能夠快速適應變化的環境。在這樣的趨勢下，「真學力」勝

習慣六　學習不止

過「假學歷」,「實功夫」才是真正的競爭優勢。

　　我們也必須知道:學校教育所傳授的,僅是基礎與方法,而真正決定一個人能否成事的,是在離開學校之後,是否仍願意不斷充實自我。學習不再是為了考試,而是為了生存、成長與成就。正如那句廣為流傳的話:「證書只能證明你曾經學習過,但實力才能讓你持續被需要。」

　　在這個變動不居的世界裡,真正能立於不敗之地的,是那些願意不斷學習、精進技術、提升思維的人。不論你是否擁有亮眼的文憑,只要你具備真才實學,就能在社會中闖出屬於自己的天地。一生。

習慣七
樂觀進取

微笑與樂觀不僅是個人魅力的展現,更是一種深具力量的生活態度。它能在無聲之中傳遞溫暖,也能為自己與他人帶來轉機。正如古人言:「憂能傷人,喜則養生。」一個人若能保持愉悅的心情,便是給生命注入健康與希望。

習慣七　樂觀進取

1. 改變，從微笑開始

微笑不只是禮貌的表現，更是一種無聲的語言。它可以融化人與人之間的隔閡，建立親切與信任。心理學家指出，面帶微笑的人在社交互動中通常被視為較為友善、可信且具吸引力的人。當你面對陌生人，微笑便是一封無聲的推薦信，是通往友誼與合作的大門。哪怕只是對大樓裡的管理員、擦身而過的鄰人點頭微笑，也可能無形中讓人對你留下良好印象。

微笑，是生活中最簡單卻最有力量的行動之一。

面對挑戰，學會對自己微笑

生活不總是晴空萬里，我們每個人都會經歷困頓、低潮與孤獨。然而，若能在逆境中給自己一個笑臉，那就是一種難得的成熟與智慧。微笑，是給自己的鼓勵，也是穿越困境的出口。它不僅能舒緩壓力，還能激發內在的韌性與動力。這樣的笑，不是天真的樂觀，而是一種源自堅持與理解的深刻豁達。

當你學會笑看生活，你便不再被困難壓倒。美國作家諾曼‧考辛斯（Norman Cousins）曾罹患罕見的膠原蛋白疾病，醫生預估他的康復機率僅為五百分之一。他拒絕放棄，反而透過觀看喜劇影片、閱讀幽默作品，讓自己天天發笑。他相信笑具有療癒的力量，這也成為他康復歷程的關鍵。他將此經歷寫入《笑退

病魔》(*Anatomy of an Illness*)一書中,鼓舞了無數讀者。

科學研究亦證實,笑能釋放內啡肽,降低壓力荷爾蒙,有助於身心健康。

微笑,最簡單卻最具影響力的服務

在職場與服務業中,微笑更是成功的關鍵因素之一。希爾頓飯店創辦人康拉德・希爾頓(Conrad Hilton)便將「微笑服務」視為企業長青的根本策略。他母親提醒他:「想讓顧客住過還想再來,就必須提供一種簡單、持久又不需成本的方式吸引他們。」他因此建立了企業文化:「無論內心多麼愁苦,面對顧客時,我們必須呈現陽光般的笑容。」這個看似平凡的要求,在 1929 年經濟大蕭條期間,竟成為希爾頓酒店生存並壯大的關鍵。

日本「推銷之神」原一平以價值百萬日圓的微笑著稱,他深知一個真誠的笑容能打開對方的心門。微笑不是虛偽的客套,而是一種信任的起點,是誠意與善意的具體展現。面對親人、朋友或陌生人,一抹微笑或許無法立即改變世界,卻可能改變對方的心情與未來的走向。

習慣七　樂觀進取

微笑，是向世界表達希望的方式

在人生旅途中，我們總會遭遇風雨，但只要心中仍存希望，臉上的笑容便能點亮黑暗。真正的樂觀不是否認困難，而是在困難中看見未來。給自己一個笑臉，不是裝作堅強，而是告訴自己：我可以再試一次，再走一步。生活中的每一次微笑，都是與世界的一次美好約定。

若你也渴望一段穩定、富足又有意義的人生，不妨從今天開始，練習對自己微笑，也學會對他人微笑。這看似簡單的一步，或許正是邁向幸福與成功的重要開始。

2. 你可以練習樂觀

一個人是樂觀還是悲觀，往往不是命定的性格，而是長期思考方式與生活態度所養成的習慣。面對同樣的處境，有人看到危機，有人卻看見轉機；選擇哪一種心態，取決於我們如何訓練自己看待世界的方式。

舉例來說，假設某家公司年度業績未達標，主管在檢討會議中說：「我們若無法改善表現，明年恐怕會更艱難。」這樣的語句雖然務實，卻容易讓團隊陷入焦慮。而若同樣一位主管改說：「我們今年雖然面臨挑戰，但這證明我們還有潛力尚未發揮。我

相信我們具備能力,只要齊心協力,一定可以做得更好。」這樣的話語更能激起員工的士氣與希望。

樂觀者看到機會,悲觀者看到障礙。當市場環境不如預期,悲觀的人選擇觀望甚至退縮,而樂觀的人則在混亂中尋找新契機。假如你是一位從事不動產的業務人員,面對貸款利率上升,你可能想:「房市冷清,這不是做生意的時候。」但換個角度想:「市場冷卻會讓一些人退出,正是我脫穎而出的好機會。」這樣的轉念,將大幅影響你後續的行動與成果。

曾獲《富比士》(Forbes) 評為「創新女性人物」的丹麥創業家娜塔莉亞・奧爾森・烏爾塔多 (Natalia Olson-Urtecho),便是一個訓練樂觀心態的實例。她原是城市永續發展顧問,面對氣候變遷挑戰,她選擇創業推動綠能科技,並參與政策制定。她曾說:「面對壓力,我選擇相信這是改變的契機。我不是天生樂觀,但我選擇練習相信未來可能更好。」這種正向思維,使她能在多次產業波動中持續前行,並獲得美國聯邦政府任命為創業創新顧問。

亞伯拉罕・林肯 (Abraham Lincoln) 曾說過:「大多數人快不快樂,取決於他們自己怎麼決定。」樂觀並非否認現實,而是選擇以希望面對困境。當你早晨起床,可以選擇打開新聞一開始就看頭條的災難報導,也可以先翻到體育、旅遊或笑話版面,讓自己在一開始就接觸輕鬆正向的內容,逐步面對世界的複雜與嚴峻。

習慣七　樂觀進取

每天早上對自己說：「今天將會是個好日子」，這個簡單的練習可以大大提升你一天的情緒。這不是自我催眠，而是意識性地培養一種樂觀面對生活的態度。當你學會讓早晨的自己保持好心情，你的語氣、舉止乃至面對他人時的互動，也會更溫和、更有力量。

樂觀不是否定痛苦，而是在痛苦中仍選擇前行；不是不見風雨，而是相信風雨過後會有彩虹。這樣的思考方式，會在日復一日的實踐中，逐漸內化為一種生命力，使我們在困難中依舊昂首、在低谷中仍懷希望。

3. 以愛為本，世界更美好

人生來到這個世界，本身就是一場奇蹟。我們從第一天起便接受了一份無可替代的禮物 —— 這個世界，而回應這份恩賜最好的方式，就是將愛心付諸實踐，將心意傳遞給人與人、人與自然之間的關係。

回頭看看，我們能與給予我們生命的父母共同生活，是一種難得的緣分。無論他們是否富有、是否擁有卓越成就，他們的愛與陪伴已足以成為我們一生的庇蔭。更別說，那些與我們生活在同一社區、辦公室，甚至街角擦肩而過的陌生人，都是時代與地理交織下的偶遇。與人相處，也是一場生命間的短暫

並行,更是一種幸福的機遇。

而這份緣分不只侷限於人與人。我們與綠意盎然的草地、微風中搖曳的花朵、清晨啼叫的小鳥、森林中穿梭的小動物們共享著同一片天空。這一切讓我們意識到,萬物皆是彼此的陪伴與見證。俗諺有云:「十年修得同船渡」,那麼能與如此眾多的生命一同生活於這片大地,不正是千百年來的緣分嗎?

人生的旅程短暫,或許只有短短數十寒暑。我們尚未來得及完全理解這個世界,就已步入年華老去的階段。父母在我們年幼時守護著我們,盼我們快快長大;而當我們真正長大成人,他們卻已佝僂老去。這段交會的時間如此短促,怎能不倍加珍惜?

因此,無論這世界有多少不完美,有戰爭、污染與爭鬥,我們仍沒有理由不去愛它。因為它是我們唯一的世界。正如我們沒有理由不愛我們的父母,即使他們再平凡無奇;我們也不應拒絕與我們共處的鄰人與同事,即使曾有摩擦與誤解。當我們不再執著於尋找「為什麼要愛」的理由,而是把「愛」本身當作最合理的理由,我們將能超越偏見與執著,擁抱更多寬容與理解。

在這個資訊喧囂的時代,仍有人選擇靜靜地奉獻,用行動守護心中所愛的價值,讓世界因他們的存在變得更好。

臺灣生態紀錄片導演劉燕明,三十多年來默默走訪全臺山林濕地,背著沉重的攝影器材,蹲守拍攝野生動物的生活片段。他沒有華麗的舞臺,卻用一格格影像喚起大眾對自然生態的關

習慣七　樂觀進取

注。他說過:「我只是希望讓大家看到,我們腳下這片土地,原來這麼美。」他的作品《山椒魚來了》、《再見·海上天堂》等,不僅獲獎無數,更成為臺灣生態教育的重要教材。

而在九二一地震後,埔里地區滿目瘡痍,「新故鄉文教基金會」董事長廖嘉展沒有選擇離開,而是回到災區,陪伴重建。他帶領團隊深入社區,發展出以自然生態為基礎的地方創生模式,從桃米的「青蛙村」到埔里的「蝴蝶鎮」,不只重建家園,更重建人們與土地的連結。他相信:「讓孩子在自己長大的土地上找到希望,就是最深的教育。」

他們的選擇,並非出於責任或名利,而是源自一份單純卻堅定的愛。他們證明了:不論資源多少,只要願意行動,哪怕只是點亮一處角落,也足以讓世界因此變得更溫暖。

我們每一個人都可以是這樣的改變者。將你的愛心擴展出去,就像拋出一顆彈跳球,它會彈回你身邊,回報你一個更溫暖的世界。你也會因為這份回響,而讓生命獲得更深的意義。

當然,我們的世界並非完美。它同時擁有陽光與陰影;有芬芳花朵也有空氣污染;有溫暖的擁抱,也有令人心碎的衝突與失望。然而,無論如何,這依然是一個值得被愛的世界。我們無法選擇出生於哪個時代,但可以選擇用什麼心情面對這個時代。

生命若有 70 年,也僅有 25,567 次日出。短短數十載,實在不值得浪費在抱怨、冷漠、或憤世嫉俗之中。與其在灰暗中踟躕,

不如讓自己成為光的來源，為這個世界帶去一點溫度與亮色。

請記住，當你願意付出愛，這個世界，將會因你而變得更加美麗。

4. 捨得，才有得

在人生這條崎嶇曲折的路上，學會放下，往往比堅持更需要勇氣與智慧。世人多半將成功等同於擁有、爭取與不懈追求，但少有人意識到，真正的快樂，可能來自懂得在適當的時候放下那些不再適合自己的情緒、執念與欲望。

有句格言說得好：「人生的悲劇不是來自目標的高遠，而是來自無法放手的執迷。」當我們緊抓過往不放、執著未竟之願、或反覆咀嚼一段未能圓滿的人際關係，這些情緒就如同沉重的行囊，拖慢我們的腳步，消耗我們的精神。

根據美國神經心理學家瑞克・漢森（Rick Hanson）的研究與臨床觀察，習慣於反覆思考過去錯誤、難以釋懷的人，更容易陷入焦慮與憂鬱的情緒，甚至引發睡眠困擾；相對地，能將注意力轉向當下與未來、並內化正向經驗的人，則具備更高的心理韌性與復原力。

放下，不是逃避，而是為了保留前行的能量。放下過度追求物質的心態，是回到簡單生活的第一步；放下對別人看法的

習慣七　樂觀進取

在意,是找回自我價值的起點;放下一段已失去溫度的關係,是給自己空間重新呼吸。放下,並不代表你什麼都不要了,而是你知道什麼才真正重要,值得留在心中。

財富不執著,心境更豁達

在金融投資領域有一句名言:「不把帳面損失當真,才會真正失去理性。」適度看待財富的得失,是保持身心健康的關鍵。曾獲諾貝爾經濟學獎的理查・塞勒(Richard Thaler)指出,人對於「損失」的感受遠大於對於「獲得」的愉悅。若我們無法在內心放下金錢的起落,生活將被貪婪與焦慮所困。

懂得用財富服務生活,而非讓生活被財富操控,才能真正享有富足。

情感能捨離,自在不糾結

情感,是人生最難解的習題之一。當一段關係走向終點,許多人往往陷於執念,試圖挽回或反覆回顧過去的美好。然而,心理學研究指出,長期沉浸在失落情緒中會引發自我價值感下降與身心困擾。放下不再合適的情感,並非冷漠,而是對彼此的成全。如同社會工作研究學者布芮尼・布朗(Brené Brown)所言:「脆弱不是弱點,而是一種勇氣。」

擁抱自己的傷痛,才能重新出發。

名利看淡，心靈反得安穩

在人生的競爭場上，許多人為了名聲與地位勞心費神，卻忽略了內心的疲憊與壓力。2012 年，美國前高盛銀行副總裁葛瑞格·史密斯（Greg Smith）在公開信中辭職，揭露金融業對於權力與金錢的過度追逐。他選擇離開高薪與光環，轉而追求更有意義的社會公益工作。這種放下，是一種從價值觀出發的選擇。

唯有跳脫他人目光的羈絆，才能活出自我。

憂愁釋懷，健康與快樂同行

壓力與憂慮若長期積壓心頭，會對身體造成潛在危害。根據世界衛生組織的報告，慢性壓力已成為導致心血管疾病與免疫系統失調的重要因素之一。正視煩惱，並懂得轉念，便能減少心理負擔。詩人泰戈爾（Rabindranath Tagore）曾說：「當你因失去太陽而流淚時，也要記得，星星正悄悄為你閃耀。」生活裡的不順，是提醒我們學會在黑暗中尋光，而非困於黑暗本身。

學會放下，是最深的成熟

放下，並不是放棄責任，而是懂得選擇與捨得。就如同一位美國內科醫師在其回憶錄中提到，當他逐漸意識到自己的生活被各種物質與成就感填滿，卻失去了與家人相處的時間與內在的寧靜。他最終斷捨離了名下的多間房產與不必要的社交應

習慣七　樂觀進取

酬,重新過起簡單生活。他說:「真正的自由,是能夠放下那些曾讓你自豪,但也消耗你靈魂的東西。」

每個人在人生旅途上,都會背負不同的行囊。有人裝的是不甘,有人藏的是執念,有人則滿懷焦慮與懊悔。而唯有在某個時刻,學會放手,才會真正輕盈前行。如同搭錯車,我們應該及時下車,換一條更合適的路;如同走進死巷,轉身未必是退讓,而是重新選擇方向的勇氣。

人生不是擁有多少,而是能放下多少。放下,才能獲得。放下過去,才有未來;放下執著,才有從容;放下自我,才有寬容。願我們每個人,在時光洪流中,都能練習放下,換得更豁達的人生。

5. 迎向心中的光

快樂就像一帖心靈的良方,不僅能撫平傷痛,還能引導我們走向更健康的生活狀態。英國詩人威廉・華茲渥斯(William Wordsworth)曾說過:「內心的喜悅是我們與世界最真實的連結。」人類對快樂的感知,往往來自對美好瞬間的體會,而攝影師總在我們不經意時提醒:「笑一個!」那一刻的笑容,不只是表情,更是將幸福凝結為永恆的證明。

快樂的笑顏,正是人生風景中最動人的色彩。

5. 迎向心中的光

幸福就藏在內心深處

關於快樂的本質，我們總是向外尋找，卻忽略了內心才是真正的源頭。2017 年，心理學家尚恩・阿喬爾（Shawn Achor）在《快樂優勢》（*The Happiness Advantage*）一書中提到，人類的大腦會因正向思維而釋放出更多的多巴胺與正向荷爾蒙，進而提升創造力、專注力與學習效率。他指出，快樂不是結果，而是一種選擇。我們以為要經過長久追尋才能得到幸福，但事實上，它從未離開，只是我們忘了回望自己。

快樂的能量，就像一種看不見的資源，在我們生命的冬天裡帶來溫暖。2010 年，智利聖荷西礦發生嚴重坍塌，33 名礦工受困於地底將近 700 公尺深處，長達 69 天之久。儘管身處極端黑暗與孤絕的環境，他們並未陷入恐慌，反而展現出強韌的心理韌性。礦工之一的馬里奧・塞普爾維達（Mario Sepúlveda）被同伴與媒體稱為「快樂隊長」，他透過講笑話、帶領大家歌唱與分享個人回憶等方式，鼓舞士氣並協助維持團隊的心理穩定。

根據《BBC》報導，塞普爾維達在受困期間積極參與物資分配與情緒支持，成為整個團體的精神支柱之一。這起事件不僅展現出人類在逆境中自我調節與支持他人的能力，也說明幽默與正向情緒對於心理復原的關鍵作用。

這場被世人稱為「智利奇蹟」的事件，證明了心靈力量與物

習慣七　樂觀進取

質資源同樣重要。人類不只需要食物，更需要正向情緒的支撐才能度過艱難時刻。

換一個角度，讓生活重見光亮

快樂並不代表人生沒有困難，而是能在困難中保持明亮的心境。美國心理學會在 2021 年的一項研究中指出，培養感恩與樂觀的態度能顯著降低壓力與焦慮指數，並提升免疫系統功能。這意味著，情緒本身就是一種力量，可以轉化生活的光線與色彩。當我們選擇打開心門，讓希望進來，哪怕只是片刻的笑聲或一則溫暖的回憶，都能讓我們走得更遠。

快樂並不是外界賜予的獎賞，而是內在心境的流露。我們每個人都可以像那位智利礦工，像華茲華斯筆下的詩，選擇在生命嚴冬裡儲藏陽光、色彩與故事。當我們懂得從日常中收集這些精神的養分，在人生的幽暗時刻自然會找到一束照亮自己的光。

打開心房，讓希望與快樂住進來，我們將更有力量去擁抱世界。

習慣八
把握當下

> 時間如同潺潺不息的溪流,看似平凡卻承載著無限可能。若我們缺乏時間管理的智慧,任其白白流逝,那麼無論天賦多高、資源多豐富,人生也難以精采。
>
> 善用每一天,不僅是一種能力,更是一種價值觀的展現。

習慣八　把握當下

1. 今日就開始行動

有句話說得好:「昨日如同作廢的支票,明日猶如尚未兌現的期票,唯有今日,是可立即使用的現金。」真正掌握人生的,不是懷舊的過去,也不是未定的未來,而是腳下這個當下。

已故 NBA 傳奇球星柯比・布萊恩(Kobe Bryant)曾在《The Players' Tribune》撰文〈寫給年輕的我〉(Letter to My Younger Self)中,回顧自己對訓練與時間的看法。他提到,從年輕時期起就深信「今天的付出會成就明天的勝利」,因此總是把每一場練習當作正式比賽一樣看待。布萊恩曾說:「你不能等到明天才開始變強,那樣永遠太晚。」這樣的理念讓他在 20 年的職業生涯中,維持極高的自我要求與紀律。真正的成就往往來自每天累積的堅持,而非等待最佳時機的到來

與此相對,我們也常看到另一種心態——不斷拖延,以為還有的是時間。美國創業者泰勒創立了一家科技新創,致力於開發智慧行銷工具。然而,在創業初期,他常因為過度思考與拖延,而一再延後產品上線與重要合作的時機。他坦承,自己當時總認為「等準備好再做」比較安全,卻沒想到市場節奏遠比他預期得更快。幾個潛在投資人與合作夥伴因此轉向其他競爭對手,導致團隊最終陷入資金困境,不得不結束營運。

1. 今日就開始行動

泰勒在事後回顧這段經歷時指出，真正的問題並非能力或資源的不足，而是「過度等待」讓他錯過了創業最關鍵的黃金窗口。拖延也許看似無害，但對於創業者而言，時間往往才是最無情的對手。

同樣是 24 小時，有人能完成龐大專案，有人卻陷在零碎瑣事中無法自拔。差異往往不是勤奮程度，而是是否擁有時間的好習慣。時間看似稀鬆平常，但它無聲無息地構築著人生成果。英國行為科學家指出，時間感的訓練不是靠意志力，而是靠習慣堆疊。當你每天都能完成幾件最重要的事，成功就是自然結果。

用紀律建立自我時間感

時間的價值，在於你是否讓它產生成果。以色列創業家夏伊・溫寧格（Shai Wininger）是保險科技平臺 Lemonade 的共同創辦人。他曾在接受《商業內幕》（Business Insider）訪談時分享自己的時間規劃方式：每天清晨 5 點半起床，先花半小時閱讀新聞與趨勢分析，接著安排一段不受干擾的時段，用來思考產品創新與策略方向，之後才投入日常營運事務。

夏伊・溫寧格認為，創造力來自紀律與空間的平衡，而這樣的安排是出於對時間價值的尊重，而非對生活的壓抑

習慣八　把握當下

管理時間，其實是管理選擇

當代時間管理的挑戰不在於事情太多，而在於選擇太雜。手機通知、會議邀約、即時訊息，時時刻刻搶占我們的注意力。我們必須主動安排生活，而非被動應對生活。麻省理工學院（MIT）在 2021 年研究指出，最成功的管理者不是做最多事的人，而是能決定什麼該不做的人。要突破時間困局，首要任務是排定優先順序，把時間投注在真正推動人生目標的行動上。

以下是幾個具體做法，協助你將時間使用得更有效率：

(1) 每日計畫：在前一晚或清晨規劃當天三件最重要的任務，確保其中之一能推進你的長期目標。

(2) 雙表系統：將「固定時段工作表」與「待辦清單」並列，排定優先順序，標記關鍵任務。

(3) 預留彈性：每日安排時預留彈性時段，以處理突發事項，避免因小失大。

(4) 拒絕完美主義：避免工作時間無限拉長，替任務設定明確期限，讓工作在適當壓力下完成。

(5) 每日總結與預備：每天結束前花 10 分鐘檢視進度並擬定隔日計畫。

打破完美主義的陷阱

時間的流逝，不只是來自懶散，也來自過度追求完美。所謂帕金森定律（Parkinson's Law）即指出：「工作會膨脹到填滿可用的時間。」也就是說，如果你沒有設下完成期限，再簡單的任務也會變得拖拖拉拉。要避免這種情況，最佳方法就是「預留但不延後」──為每個任務設限時間，並堅守執行，讓自己習慣在合理壓力下產出。

真正能改變命運的，不是突如其來的機會，而是日復一日對時間的自律與鍛鍊。當你意識到時間是最不能浪費的資源，你就會開始對每日安排產生敬畏。

與其羨慕別人的效率與成就，不如從明天的第一個小時開始，為自己的時間負起全責，讓每一分每一秒都朝著夢想邁進。

2. 時間長短不是最重要的

時間每天以 24 小時的形式公平地賦予每個人，然而，為什麼有些人能在這段時間裡完成具體成果，有些人卻只是日復一日地忙碌卻看不到進展？其差異往往不在於時間長短，而在於人們是否懂得如何整合並有效地使用時間。

高成就者不一定比其他人更努力，但他們懂得如何安排每

習慣八　把握當下

一天的節奏,懂得分辨何者為要務,何者可延後。他們將心力集中在影響最大、報酬最高的任務上,因為他們深知:時間若被無意識地使用,再多也只是流逝而已。

生活中的各種雜務不斷襲來,我們很容易被牽著走。但若沒有明確的方向與排序,再多的行動也只是耗損精力。你是否有過這樣的經驗:覺得整天都沒閒著,但回顧卻發現一事無成?真正有效率的人,並不是做得多,而是做得準。他們懂得優先處理對長期目標有意義的任務,而不是任由事情急迫性決定自己的步調。

拆解習慣,從忙亂中找出癥結

若你曾有懷才不遇的感受,不妨先檢視自己的時間使用方式。許多人工作時顯得漫無章法,常常因忽略關鍵資訊、資料、流程而讓他人感到不專業,進而影響整體信任感與表現。這種缺乏統籌的方式,會讓自己陷入混亂與情緒低落之中。

更常見的是「虎頭蛇尾」的現象,手上的工作尚未完成,注意力就已經被其他事吸引,缺乏任務先後順序與階段性目標的觀念,讓成果無法累積。

改善這些問題的第一步,是建立每日計畫與任務聚焦的習慣。比方說,安排每日 2 至 3 小時作為處理關鍵任務的專注時間,並事先排好工作流程與優先順序。處理重要事項時,不受干

擾、專注執行,是提升效率的基本工法。若能每天這樣實踐,不僅能提升工作的節奏與完成度,也會逐漸形成內在的時間節律。

用系統思維掌握時間槓桿

創投公司紅杉資本(Sequoia Capital)合夥人麥克‧莫里茲(Mike Moritz)是矽谷最具影響力的投資人之一,曾投資Google、Yahoo、PayPal等指標企業。他在接受《商業內幕》訪問時分享了自己長年的時間管理祕訣:每天只列三到五件真正重要的待辦事項,並堅持將大部分時間投注在這些高價值任務上。麥克‧莫里茲指出,現代人常被瑣事淹沒,導致錯失戰略機會,而清楚知道「什麼值得花時間」比「完成更多事」更為關鍵。

若我們總是以「急迫性」為判斷依據,勢必會將大量時間浪費在瑣事上,反之,若我們能主動篩選、以「重要性」為依歸,並將資源集中於高報酬任務上,那麼時間就能為我們創造真正可衡量的成果。成就從來不是來自拚命應付,而是源自清晰規劃與策略執行。

餘暇時間,就是你未使用的資產

除了聚焦高價值任務,善用生活中的零碎時間同樣重要。許多人常誤以為自己沒有多餘時間可以學習或進修,但實際上,每天總會出現十幾分鐘的空檔——無論是等待通勤、排隊、

習慣八　把握當下

會議前後的閒置時間，這些微小時段若能好好利用，不僅能完成許多短任務，還能成為累積成長的重要來源。例如，你可以利用這段時間回覆幾封郵件、草擬報告大綱、瀏覽一本專業期刊，甚至記下靈感或閱讀計畫內容的摘要。

歷史上不乏將零碎時間化為創作與研究成果的例子。傑克‧倫敦（Jack London）習慣將詞語與靈感片段寫在紙條上，貼滿牆面與書桌四周，讓語言成為隨處可見的刺激，幫助他持續打磨寫作風格；《湯姆叔叔的小屋》（*Uncle Tom's Cabin*）作者比徹‧斯托夫人（Harriet Beecher Stowe）則在家庭主婦的忙碌生活中，善用料理與照顧孩子之間的空檔進行構思與筆記。

成就往往不取決於時間的多寡，而在於能否把握每一個看似微不足道的片刻。

時間，就像海綿裡的水，只要願意擠，總還是有的。真正的高手，並不只是在黃金時段才發揮影響力，而是連看似瑣碎的空檔也能化為前進的推力。當你學會在細微處創造價值，時間自然會回饋你更多空間與機會。

4. 每一分鐘都該有意義

人與人之間的差距，往往不在於擁有多少時間，而是如何對時間「估價」。對高效人士來說，每一分鐘都有其應得的價

值,而他們的選擇,也正是根據這份價值所做出的理性衡量。

若你習慣花五秒鐘去撿地上的銅板,或許你錯失的,正是用那五秒創造更高價值的機會。這不是精打細算與否的問題,而是思考模式的根本差異。

有些人省小錢卻賠上大時間。舉例來說,一位節儉的家庭主婦習慣為了幾塊錢的折扣,開車跨越多家商店搶購特價品,最後雖省下一、二十元,卻不知不覺耗掉更多油錢與時間。她沒有意識到,實際上她「虧」的是自己時間的價值;而相對地,一位上班族在面對同樣的折扣選項時,則選擇當下完成購物,因為她明白,20 分鐘的空檔若能用於準備簡報或讀取資料,產值將遠遠超過那微不足道的價差。正如她所說:「寧願多花 9 元,也不要損失一小時可能創造的數百元產出。」

轉換觀念,時間是你真正的資產

時間價值的本質,在於我們對每一單位時間所產生產出的意識。若你每小時能產生 200 元收入,而為了省下 9 元去排一小時的隊,那這筆時間投資就失去意義。比爾蓋茲曾公開表示,彎腰去撿地上的鈔票並不划算,因為他在那短短的幾秒內可能就已賺進數十萬美元。這句話並非炫耀,而是提醒人們:當你掌握住時間的效益邏輯,行動的優先順序將徹底改變。

時間管理學者指出,一個人若能在相同時間內提升產出,

習慣八　把握當下

就等於拉高時間的單位價值。簡單的公式是：價值量（V）＝時間效率（Q）× 時間（T）。當我們用五小時完成原本八小時的工作，實質上時間價值提升了六成。這就是為什麼掌握工作節奏與效率提升策略，能大幅改變人生進程。

時間是公平的，但產出的差距卻是個人選擇與習慣造成的。

從整體人生的時間分配來看，人們實際投入工作的時間遠比想像中短。以一名活到 73 歲的人為例，有人粗略統計，真正用於工作的時間僅 14 年，其他時間被睡眠、飲食、交通與瑣碎事務所占據。就算將重點放在 20 歲至 60 歲這段職涯黃金期，也會發現，睡眠占去三分之一，其他生活活動如用餐、交通、休閒、社交、清潔與情緒處理等總和竟高達 32 年。也就是說，實際能夠高效運用的時間，或許連 8 年都不到。

但我們不能因此灰心，反而要更有意識地經營這段真正屬於自己的時間。只要開始認真規劃、精準使用，這 8 年所創造的價值仍足以改變人生。重點不在於數字，而是我們是否在有限中活出最大效益。每天從「時間銀行」領出 86,400 秒，沒有餘額、無法儲蓄，只能決定如何使用。正因如此，每一秒鐘都值得被尊重。

為時間估價，就是為生活定義意義

那麼，該如何實際讓時間更有價值？時間管理專家提供幾項具體建議，能幫助我們更有系統地活用時間資產。例如：在精力最旺盛的時段進行最重要的任務；在繁忙時刻避免被雜誌與社群干擾；若感到某項工作令人厭煩，暫時放下，轉往更具成效的事項；善用電話與電子郵件進行溝通，省去不必要的面談；提早起床，為一天預留更多安排彈性。

這些策略並非制式規範，而是依個人節奏量身打造的行動指南。真正的效率，不是將時間填滿，而是用最合適的方式讓時間產生最大回報。

成功人士往往習慣定期為自己的工作與時間估值，這不是浪費，而是一種深層的生活反思。他們懂得在哪裡加速、何時減速，讓人生每一段時光都具意義、有方向。當我們也開始這樣思考、這樣行動，生命的節奏將會轉變，而時間，不再只是過去的名詞，而是正在累積價值的現在進行式。

5. 省下的時間，就是加值的人生

時間看似源源不絕，但生命卻有終點。在有限的生命裡，能夠拉長時間使用價值的人，等同擁有了更多行動的本錢。

習慣八　把握當下

真正成功的人，不是比他人多活幾年，而是把時間用得更精準、更具價值。他們之所以能攀上高峰，往往是在旁人安然入睡時，仍選擇持續向前；在多數人停下腳步時，他們仍堅持往上爬。所謂高度，從不是偶然抵達的地點，而是日積月累的時間管理所鋪出的階梯。

若你覺得時間總是不夠用，可能不是因為事情太多，而是因為沒有學會「安排時間」與「偷出時間」。許多人誤以為時間是用不完的資源，日子一天天過，春去秋來，似乎沒有太大分別。但當某天猛然發現鏡中的自己已白髮斑斑、步伐放緩，才意識到青春早已悄悄離去，而那些原本想完成的事，也隨之一點一滴地溜走。

時間遲疑一刻，機會就此流失

時間從來不會等待猶豫不決的人。就像寓言所說：兩名獵人見到一群肥碩的大雁飛來，正欲射下，卻在「煮還是烤」的選項上爭執不休，等他們終於做出妥協、準備射箭時，大雁早已飛得無影無蹤。他們不是被對方耽誤，而是被時間拋下。

猶豫不決就是拖延，遲疑不前就是錯失。若不把握時間，所謂的理想與目標，只會變成回憶裡的空話。

在現實生活中也是如此。許多好機會從來不是等待最佳時機後才降臨，而是當我們願意抓住當下、快速行動時才會顯現。

5. 省下的時間，就是加值的人生

那些真正成功的人，其實就是時間的高手，他們擅長做出選擇、設下節奏、避免分心。他們不把時間留給爭執，而是留給行動。

時間管理，就是自我訓練的開始

時間是生活的骨架，無論是學習、工作還是休閒，都需要建立有節奏的時間感。如果不對每天的時間有所規劃，時間將會像沙一樣從指縫中滑落。與其抱怨時間不夠用，不如開始訓練自己在日常中養成節省時間的習慣——早起 15 分鐘、減少無目的的滑手機、集中處理重要任務。這些看似微小的改變，一旦累積，就會讓整體生活效率出現顯著差異。

管理時間不代表要過度壓縮生活，而是為自己的生命選擇更清晰的方向。每天從「時間帳戶」中提取的 86,400 秒，是每個人最公平的資產。如果你能有意識地使用它們，那麼時間將成為你創造價值的工具，而非消耗生命的黑洞。

有研究指出，一個人平均活到 73 歲，真正投入在「實質工作」上的時間可能不到 14 年，其餘時間則被睡眠、吃飯、交通、休閒、社交等事務分散。而在一生中真正可以主動掌控、用來創造價值的時光，甚至可能連 8 年都不到。這並非危言聳聽，而是一種警鐘：我們無法延長壽命，但可以延長時間的密度與效益。

習慣八　把握當下

　　成功從不是靠時間長短衡量，而是看你如何使用那些可運用的時間。從今天開始，不再任時間主宰你，而是讓你主宰時間。學會精準安排每一天、養成有效率的行動習慣，讓每一分、每一秒都成為你成就未來的鋪路石。

　　時間雖不等人，但它從不拒絕有準備的人。當你能將節省下來的時間轉化為深度的學習與實踐，那麼你也就悄悄地——延長了自己真正的生命。

習慣九
精準思維

> 擁有精準而深入的思維，是許多成功人士共同具備的特質。他們不僅重視執行力，更懂得在行動之前先理清思路。真正有遠見的人，不是忙碌地填滿每一天，而是懂得為思考預留空間。若想在人生中走得更遠、更穩，持續思考的習慣不可或缺。

習慣九　精準思維

1. 系統性地思考

　　法國哲學家蒙田曾說：「最難的不是行動，而是為行動找到正確的方向。」在現代社會中，那些擁有高邏輯思考能力的人，往往能比他人更快掌握問題核心，找到突破點。

　　李小加曾任高盛亞洲區投資銀行部董事總經理，之後擔任中國銀河證券的首席執行官。2009年，他被任命為香港交易所（HKEX）史上首位華人行政總裁，並於隔年正式上任。在接受《南華早報》訪問時，李表示自己在面對重大決策時，習慣保留一段安靜的時間進行深度思考。他認為，這種自我對話與獨立思辨的空間，有助於排除干擾、釐清判斷方向，也成為他在多變金融環境中做出準確決策的重要依據。

　　許多人以為「一直做」就是積極進取，但事實上，若沒有反思的過程，努力往往只是徒勞。國際創業育成機構「Y Combinator」的共同創辦人保羅・格雷厄姆（Paul Graham）曾在部落格中提到，自己每週會空出整整一整天「什麼都不做」，僅用來思考產品、市場與用戶行為，這讓他能夠看見別人未察覺的機會點，並提出創業者真正需要的建議。

擴展思維，洞察事物的多重面向

除了養成思考的習慣，更重要的是發展「擴展性思維」，也就是不僅停留在眼前的資訊，而能從中推演出潛在的可能性。2013 年，美國創業家莎拉・布蕾克莉（Sara Blakely）在演講中分享，她創立內衣品牌 Spanx 的靈感，來自她發現女性對修身塑型的需求常被忽視。一般人或許只會抱怨市面上的產品不夠舒適，但她進一步思考：「如果市面上都不滿意，為什麼不自己設計一個解決方案？」這樣的思維轉折，讓她成為全球最年輕的白手起家億萬女企業家之一。

同樣的資訊，在不同人眼中會產生截然不同的價值。關鍵從來不在於掌握多少知識，而在於能否從中看出他人未見之處。

2016 年，加拿大魁北克省一名 15 歲高中生威廉・賈杜伊（William Gadoury）對瑪雅文明產生濃厚興趣，並研究古代城市與星象之間的對應關係。他發現某些星座中的亮點與已知城市位置吻合，但有一顆星所對應的區域尚無考古紀錄。他便利用 Google Earth 與衛星影像進行比對，竟在墨西哥尤卡坦半島熱帶雨林中辨識出一處可能的人造結構。這項發現引起加拿大太空總署與考古學界關注，後續研究證實該區域確實有瑪雅遺址存在的可能性。

這個案例提醒我們，深刻的思考來自好奇與連結，而非資訊量的堆疊。真正有價值的洞見，往往來自於願意用不同角度

習慣九　精準思維

看世界的人。

精準思維並非天生具備,而是經由反覆練習與經驗淬鍊而成的習慣。無論是做決策、發現機會,或在資訊混亂中找到核心,思考力都是關鍵工具。唯有在忙碌之餘仍保有思考的空間,並持續訓練擴展性思維與批判性判斷,我們才能真正掌握人生方向,邁向更高的成就。

2. 專注思考,是成就的起點

真正的成就並不僅來自天賦或機緣,而是在於是否願意撥出時間,投入深度思考。希臘悲劇詩人索福克里斯(Sophocles)曾說:「知識必須透過行動來獲得。」但這並不意味著一味地執行就足夠,唯有經過思考所引導的行動,才能發揮最大的效益。

要成為善於思考的人,唯一的方式,就是從思考開始。

思考,是知識轉化為智慧的途徑

在 21 世紀,許多創新與突破往往起源於一段深度反思的時光。像是英國人工智慧公司 DeepMind 的共同創辦人傑米斯‧哈薩比斯(Demis Hassabis),在建立突破性 AI 程式 AlphaGo 之前,曾花費多年思索如何將神經科學與深度學習結合。他並未急於投入開發,而是先花數年時間於倫敦大學學院攻讀認知神

2. 專注思考，是成就的起點

經科學博士學位，探討人腦如何進行複雜決策與推理。這段沉潛的歷程為之後的科技突破奠定了堅實基礎。

這與過去科學家如愛因斯坦強調「再三思考」的方式不謀而合。思維的深度，往往才是決定最終成就的關鍵。

現代學術界中，也有不少例子證明深度思考的力量遠勝於短期的爆發力。2019 年獲得諾貝爾經濟學獎的法國經濟學家艾絲特・杜芙洛（Esther Duflo），就是透過長期思索與實地實驗，重新定義貧窮問題的處理方式。她在長達十多年與全球發展組織合作的過程中，並未急於提出結論，而是透過實驗經濟學方式不斷反覆驗證與調整假設，才最終提出有效對策。

任何有價值的成果都源於長期、穩定、專注的思考，而非快速回應。

偶然與靈感，來自有準備的心智

許多突破性的創意，其實都來自於日常觀察與深層反思的交會。2005 年，美國廣播工程師約翰・康佐斯（John Kanzius）在自我研究癌症治療的過程中，意外發現將射頻能量導入鹽水後，會產生明顯燃燒現象。這個現象可能與水分子裂解產生氫氣有關，雖然仍處於實驗階段，卻引起多所研究機構與媒體的高度關注。康齊斯雖非科班出身，卻以觀察與好奇打開科學思考的大門，也證明深度思維不專屬於實驗室，更可以發生在任何角落。

習慣九　精準思維

每一次的成功,其實都不是偶然的幸運,而是長時間思考與專注的結晶。在這個節奏越來越快的世界中,唯有學會刻意留白,讓自己有時間停下來思索,才能在資訊洪流中找出屬於自己的方向。

勤於動腦,並非只是口號,而是踏實而具策略性的習慣。只要善於觀察與聯想,專注於思考的力量,成功或許就在我們身邊等著被發現。

3. 思維通往財富

若想在競爭激烈的世界中脫穎而出,光靠努力還不夠,更關鍵的是思考的方式。真正的財富,不僅來自勞力的投入,而是來自策略性思維與精準判斷。成功者與眾不同之處,在於他們選擇用不同的方式看待問題,並勇於打破常規,不盲目跟隨他人腳步。

富足不是巧合,而是思考的結果

2012 年,英國年輕創業家班·法蘭西斯(Ben Francis)創辦運動服飾品牌 Gymshark 時,只是一位夜間送披薩的學生。他之所以能創造出全球市值超過 10 億英鎊的新創企業,不是因為擁有龐大資源,而是因為他精準分析市場上健身服飾缺乏設計感

與社群連結的空缺,並善用社群平臺與意見領袖建立品牌影響力。這是經由深思熟慮與策略部署所達成的結果,而非單靠埋頭苦幹。

真正的成功者,總是將時間花在策略與未來上。美國教師保羅・艾德爾曼(Paul Edelman)曾任教於紐約市公立學校,2006 年創辦了「Teachers Pay Teachers」,一個讓教育工作者上傳並販售自製教材的平臺。雖然這項創意起初不被主流出版商重視,但在 2008 年金融危機後,隨著學校預算緊縮與線上學習需求上升,平臺迅速崛起。

艾德爾曼敏銳洞察教師與家長的真實需求,並持續優化平臺機制,使 TpT 成為全球最大的教學資源市集之一,累積超過 400 萬名教育者使用,交易總額突破 1 億美元。

這些例子都在告訴我們:靈感若能結合深度思維與執行計畫,就能轉化為實質財富。

善於觀察,靈感才會變成機會

思考力的價值,在於能發現別人看不見的可能性。2020 年,南非社企「Repurpose Schoolbags」在新冠疫情期間展現出靈活轉型的能力。該企業原由塔托・克哈特拉涅(Thato Kgatlhanye)與團隊創立,最初致力於回收塑膠袋製作太陽能書包,幫助偏鄉學童解決照明與教育資源不足的問題。疫情爆發後,他們觀

習慣九　精準思維

察到當地對可重複使用口罩的迫切需求，於是迅速調整生產方向，改為製作布口罩，不僅滿足社區防疫所需，也創造了就業機會。

不同的思考模式會開出截然不同的道路。2011 年，加拿大創業者穆罕默德·哈格（Mohamed Hage）與技術夥伴亞歷克斯·蘭斯曼（Alex Lantsman）共同創辦了都市農業企業「Lufa Farms」，他們發現城市空間有限，但許多辦公大樓屋頂閒置，於是決定在屋頂建設溫室進行耕作。

他們不僅改變了農作地點，更重新設計食品配送鏈，直接將新鮮蔬菜送達當地消費者家中。根據《環球郵報》（*The Globe and Mail*）報導，該公司如今年營收已突破 2,000 萬美元，成為都市農業轉型的先驅案例。Lufa Farms 的成功來自於他們不盲目跟隨市場，而是以創新的思維架構出全新的供應模式。

思考的深度與廣度，決定了能否走出一條別人未走過的路。

「思路決定財路」並非口號，而是一種實踐策略的思考方式。在當今社會，不斷重複他人的路徑只會讓我們停留在同樣的結果中。唯有獨立思考，結合觀察力、靈感與行動，才能在變動不居的世界中創造出屬於自己的財富模式。

思維的力量，就是你與他人拉開距離的起點。

4. 擺脫平庸，從思考開始

平庸往往不是因為缺乏行動力，而是因為欠缺思辨力。許多人總在困境中徘徊，原因不在於不努力，而是缺少對問題的深層分析與解決策略。與此相對，真正走向卓越的人，無一不是擁有主動思考的習慣。他們能夠發現盲點、整合資源、精準判斷，讓挑戰變成轉機。

決策與取捨，來自清晰的思路

思考的本質不在於冗長的推論，而在於關鍵時刻的果斷取捨。2021 年，美國社群平臺 Patreon 面臨創作者人數激增與分潤機制的壓力，共同創辦人傑克・康特（Jack Conte）選擇不跟隨主流平臺走向廣告導向的模式，而是堅持優化創作者分潤架構。他透過多層級方案設計，讓創作者依需求選擇服務，同時強調平臺「創作者至上」的價值觀。儘管短期內不如廣告導向模式來得高利潤，但這個決策成功留住大量優質創作者，並穩定 Patreon 的長期成長。康特的選擇並非冒險，而是來自對產業趨勢的深度思考與價值判斷。

突破常規不一定靠蠻力，而是源自對現況的重新定義。一個能夠進行縝密思考與大膽行動的人，才有可能在關鍵時刻做出正確選擇。

習慣九　精準思維

掌握而非被掌控

真正成熟的思考者，不輕易被情緒操控，也不輕信反覆出現的錯誤觀念。他們懂得建立自己的思考習慣，並堅持獨立判斷。根據現代神經科學與心理學研究，人的思考模式並非天生固定，而是具備可塑性。

心理學家卡蘿・德威克提出的「成長型心態」理論指出，只要個體願意以正向目標為導向、並反覆練習新的思維策略，就有可能重塑深層認知與行為選擇。換言之，有意識地聚焦於建設性目標與正向信念，確實能逐步轉變我們的大腦與決策模式。

思考不是一瞬間的靈光乍現，而是一種可以被訓練的技能。而這項技能，一旦掌握，就能成為你情緒與行為的主導者。

懷疑與接受之間的界線

人們常常因為無法理解，而對新事物抱持懷疑。這種對未知的排斥，容易成為思考力的絆腳石。2004年，臉書剛推出時，許多投資人拒絕參與初期募資，認為「大學生社群網站」不具備市場價值。然而短短數年，該平臺徹底改變了全球資訊傳播與社會互動的模式。這提醒我們：正確的思考應該是打開通往新知的門，而不是將它關起來。

當我們缺乏探索精神，或被偏見蒙蔽，往往錯失了與未來

4. 擺脫平庸，從思考開始

接軌的契機。思考的真正目的，是讓我們能用開放與理性的方法來理解陌生事物，而不是以恐懼將其排拒在外。

習慣塑造思想，思想引導行動

習慣塑造思想，思想引導行動。思想的力量來自習慣的累積，而這個習慣可以被設計與管理。如同攝影師掌控光圈與快門，我們也能主動調整注意力的焦點。只要每天將思想聚焦於清楚的目標畫面，久而久之，潛意識就會開始為達成目標動員資源與創意。

舉例來說，日本產品設計師清水久和便長年透過自我紀律與細膩觀察，引導自己的創作方向。他創立的設計工作室 S&O，專為高齡者與身障者設計日常生活輔具。他曾表示，每一件設計的起點，都是從「觀察生活中哪裡有不便」開始，並透過每日固定的反思筆記，逐步釐清目標與功能需求。

清水久和所設計的高齡者輔助提袋「TOTE+AID」於 2017 年獲得 Good Design Award，評審指出其作品「以極簡外型蘊含深層人性關懷」。清水坦言，真正推動創新的並不是瞬間的靈感，而是日復一日對目標與人的思索。

思考力不僅是邏輯訓練，更是生活品質的決定因素。平庸與卓越的分野，常常只在於是否願意停下來思考、是否勇於取捨、是否願意培養可控的思考習慣。正確的思考是一種可以練

習慣九　精準思維

習的技能,也是一種能引導行動的力量。

唯有思考,才能讓我們脫離庸碌,邁向真正的成就。

5. 打破慣性思維

在創新與突破的世界裡,真正的機會往往不在眾人皆走的康莊大道,而藏於少數人敢於嘗試的偏鋒思維。當多數人按照習慣反應解決問題時,能逆勢而為、從非典型角度切入的人,才更容易在混沌中找出清晰的路徑。

逆向思維創造突破契機

2008年,Airbnb創辦人布萊恩・切斯基（Brian Chesky）與喬・傑比亞（Joe Gebbia）在全球旅宿產業仍由大型飯店集團主導的情況下,選擇從「共享經濟」的角度重新思考。他們並未投入打造飯店,而是提出一個簡單卻顛覆性的問題:如果讓每個人都能將家中的閒置空間轉化為臨時住宿,會發生什麼事?這種跳脫傳統的逆向思維,初期雖然遭遇市場質疑,卻最終重塑了全球旅宿業的運作方式。

這與其說是創新,不如說是對「旅宿」概念的重構。他們沒有問「怎麼開一間旅館」,而是問「旅行者真正需要的是什麼?」這正是逆向思考的核心精神。

5. 打破慣性思維

逆向思維之所以罕見，是因為人類在文化與教育過程中早已習慣遵循特定規則。正規教育、制度訓練與社會期待形成一種「認知定勢」，讓多數人傾向從單一路徑解決問題。然而，真正的突破，往往來自那些不接受既有框架的挑戰者。

孟加拉建築師瑪麗娜・塔巴瑟姆（Marina Tabassum）便是其中一例。她針對當地水患頻仍問題，設計出一種「氣候適應住宅」，使用竹子等當地材料建構模組化、可拆卸並能因應水位變化的居住空間。

與其加高堤防或興建排水系統，她提出另一個問題：「如果水災無法避免，我們是否該讓建築能隨水而動？」這種顛覆傳統防災觀念的解法，獲得 2021 年首屆阿卡汗人道建築獎（Aga Khan Award for Architecture），並被聯合國視為極具潛力的人道建築模式。

這些案例說明，當常規方法無效時，轉個角度思考，往往能打開新的視野。

創新與幽默，都是逆思的產物

逆向思考不僅體現在解決問題的技術上，也展現在語言與應對上所蘊含的智慧。2019 年，美國政治評論節目《Last Week Tonight》的主持人約翰・奧利佛（John Oliver）收到一封攻擊他的匿名信，內容粗俗且帶威脅性。他並未嚴肅回應，反而在節

習慣九　精準思維

目上用詼諧反諷的方式將來信公開，甚至設計了一套虛構的「匿名信友善回應指南」。這種不落入常規情緒反應的處理方式，不但化解攻擊，更增強了觀眾對他的信任與喜愛。

在多數人選擇對抗或回擊的時候，以幽默或反向應對往往能取得更高的影響力。

逆向思維與創新密不可分

當代創新管理理論中，最具影響力的觀點之一，來自哈佛商學院已故教授克萊頓・克里斯坦森（Clayton Christensen）。他在著作《創新者的窘境》（*The Innovator's Dilemma*）中提出「顛覆式創新」理論，強調企業若要持續成長，不能僅依賴現有成功模式，而必須主動擁抱一種挑戰現狀的思考方式。

這種「顛覆式思維」本質上正是逆向思考的實踐，要求企業在問題尚未浮現時，就預先思考下一階段的潛在挑戰與機會。他指出：「成功是失敗的種子，因為它讓企業過度專注於現有客戶，而忽略新興需求的萌芽。」換言之，越是穩定與成功的企業，越應該積極跳脫舒適圈，重新思索自己的核心定位與未來方向。真正具前瞻性的領導者，不是延續現有邏輯，而是敢於從根本重新定義問題。

逆向思考，並非否定常規，而是在當常規無法解答新問題時，提供一條可能通往突破的徑路。

5. 打破慣性思維

　　逆向思考不是單純的逆反心態，而是一種主動跳脫定勢、重構問題本質的能力。在創新、策略、溝通等各個層面，逆向思維都能產生強大影響力。現今社會對創新的重視，其實就是對逆向思維能力的肯定。唯有不斷鍛鍊自己跳脫框架、發現盲點的能力，才能在常規的世界中創造非常的價值。

習慣九　精準思維

習慣十
釋放壓力

在壓力如影隨形的現代社會中,心理壓力對人體健康的威脅往往超越生理疾病。懂得調整心態、釋放壓力,已不只是情緒管理的技巧,更是一種維繫生活品質的能力。就如懂得因應氣候穿脫衣物的人能舒適度日,懂得放鬆自己的人,才能在快節奏的生活中找到喘息的空間。

習慣十　釋放壓力

1. 心靈需要出口

當你感到莫名煩躁、緊張不安，或陷入自我懷疑，其實你的內心正在發出需要放鬆的訊號。長時間的心理壓力會誘發諸如頭痛、失眠、情緒波動、心悸等身體反應。研究指出，若長期忽視壓力的存在，不僅會影響工作效率與人際關係，更可能導致免疫力下降與內分泌失調。

壓力的源頭比你想的更多

造成壓力的來源，遠比我們表面所見來得複雜。對多數人而言，壓力不再只是突如其來的大事件，反而是那些持續發生的生活細節，在日積月累中悄悄堆疊，成為一種看不見的負擔。例如，在職場上，面對晉升的不確定性或同儕間的無形競爭，會讓人產生持續性的焦慮；而在知識快速更迭的當代，學習力的焦慮也時常讓人感覺「永遠跟不上」。

此外，追求完美所帶來的心理壓力，並非只存在於精英族群。事實上，許多平凡人也會對自己提出過高要求，認為凡事都應做到最好，稍有差池便自責不已。這種內耗會逐漸削弱內在的安全感，使人陷入對自我價值的懷疑。

更細膩的心理層面，如對人際關係的過度在意、對未來不確定的焦慮、長期壓抑的情緒，都可能在日常生活中悄然發酵。

1. 心靈需要出口

有些人即便表面上工作順利、生活穩定，內心卻始終覺得沉重，像是被某種無形的壓力籠罩。這種狀態通常不是因為事情本身太難，而是來自自我懷疑或害怕失敗的心理暗示。

而當自卑感作祟時，即便原本能勝任的任務，也可能變得困難重重。優柔寡斷則讓人遲遲無法做出決策，反覆思索與猶豫更讓壓力成倍增加。至於對現況的不滿，如果沒有清楚的轉變策略，只會成為壓力的溫床，讓人長期處於對未來既渴望又恐懼的矛盾情緒中。

因此，壓力不一定是來自外在事件本身，而是我們對這些事件的反應與詮釋方式。當我們缺乏對情緒的覺察與轉化能力，內在就容易被焦慮吞噬，而這，正是當代心理困境的核心來源。

放鬆的能力可以培養

現代心理學與行為研究指出，放鬆是一種可以訓練的生活習慣。以下這些方法，都是經實證可行、能有效幫助人們恢復心理彈性的策略：

1. 消除過度顧慮

2013 年，美國心理學者凱莉・麥克高尼戈爾（Kelly McGonigal）在 TED 演講中指出，壓力本身並非絕對有害，真正影響身心健康的關鍵，在於我們如何看待壓力。她引用研究說明，那些將壓力視為挑戰而非威脅的人，更能維持穩定的生理指

習慣十　釋放壓力

標與心理狀態。這項觀點打破傳統壓力迷思，提醒我們改變思維，就能改變壓力的影響力。

2. 幽默感是一種心理免疫力

在喜劇節目《救援高手》(*Nathan for You*) 中，主持人內森‧菲爾德 (Nathan Fielder) 以荒謬手法協助商家解決問題，儘管過程充滿張力，卻因幽默而讓觀眾放鬆情緒，證明自嘲與幽默是一種減壓利器。

3. 面對壓力源頭

把壓力的來源具體列出並逐項檢視，能幫助大腦從模糊焦慮中釐清重點，進而重拾掌控感。歐洲多國推行的「壓力筆記本」計畫，鼓勵民眾透過書寫列清壓力來源並加注可行策略，結果顯示參與者壓力下降幅度達 34%。

4. 做你熱愛的事

選擇一份自己真正熱愛的事，不僅是職涯發展的理想，更是心理健康的重要基礎。當人從事自己關注、投入且具意義感的工作時，大腦會釋放更多與成就、連結相關的神經傳導物質，如多巴胺與催產素，這不僅提升動機，也能調節壓力反應。

5. 打破慣性思維

與其重複舊有解決方式，不如嘗試不同的思考策略。科技公司 IDEO 鼓勵員工在解決問題前先畫一幅無關的漫畫，藉由跳脫原始框架打開思路，成效顯著。

6. 視覺想像訓練

短暫閉眼，想像自己坐在微風拂面的草地上，能降低腦波頻率，使大腦進入休息狀態。這類「引導式想像」已被廣泛應用於正念療法中。

7. 壓力分解法

將煩惱逐項列出，設定優先處理順序，逐步化解。這種具體化的分解方式能大幅減少情緒焦慮。

8. 眼淚是壓力的出口

人在哭泣時腦內會釋放內啡肽，幫助平復情緒。

9. 運動釋放壓力

健身、跑步、跳舞甚至打沙包都是有效的排解方式。紐約近年興起的「怒氣房」提供安全發洩情緒的空間與器材，廣受上班族歡迎。

10. 咀嚼轉移法

咀嚼可活化腦部血流，有研究指出，持續咀嚼口香糖 10 分鐘可短暫降低皮質醇（壓力荷爾蒙）濃度。

11. 傾訴與陪伴

人際支持是最好的減壓網路。英國 NHS（國民健保署）強調，定期與信任的人分享心事，有助預防情緒危機。

習慣十　釋放壓力

12. 與動物互動

Amazon長年以來都是企業界著名的「寵物友善公司」，特別是在西雅圖總部，每天有數千隻員工的狗狗進入辦公園區。公司設有專屬的狗狗活動空間，讓員工能在工作之餘陪伴寵物。心理學研究普遍認為，寵物能夠幫助人們穩定情緒、提升幸福感，也讓這種企業文化廣受好評。

13. 正向自我對話

不妨學會以鼓勵的語氣與自己對話。與其責備自己，不如說：「我正在進步」或「這只是暫時的」。簡單語句有時比大道理更能安撫焦躁內心。

放鬆不是懶散，而是一種有策略的自我保養。唯有放下對完美的執念、拆解壓力來源、運用多元方法照顧自己的心靈與身體，我們才能在高壓時代中保持平衡。

請記得，工作與生活的節奏再快，也要為心靈留下喘息的空間。

2. 休息是為了走更長遠的路

在高壓運轉的生活中，我們往往過度強調產出效率，卻忽略了「恢復力」本身才是維持長期表現的關鍵。真正的高效人士，

並不將工作與生活對立起來，而是懂得有策略地安排時間，讓身體與心靈在必要時得到充電。他們會為自己預留與家人相處的時光、從事興趣活動，甚至刻意設計「無目的」的休息時段，因為他們清楚知道：疲勞會偷偷侵蝕判斷力與創造力，而放鬆本身就是對未來效能的投資。

2019 年，微軟日本分公司實驗推行「每週四天工作制」，在一個月內讓所有員工於每週五休假。結果顯示，員工的整體生產力提升了近 40%，同時幸福感與工作滿意度也明顯上升。這項實驗再次印證：充分的休息並非時間的浪費，而是釋放潛能與提升效率的起點。

誠實面對自己，調整生活優先順序

不妨靜下心來問問自己：我現在所做的每件事，真的對我人生的長期目標有幫助嗎？健康是否被我長期排除在優先順位之外？我為家庭做的「犧牲」，真的是他們所需要的嗎？這樣的自我反思不應只是片刻感傷，而應成為具體行動的催化劑。

例如，預約一次與伴侶的午餐約會、安排一次與孩子的週末郊遊，或給自己一個沒有手機干擾的下午，這些小舉動都是向生活發出的友善回應。

習慣十　釋放壓力

別把「拚命工作」當作榮譽徽章

長時間不間斷地工作，不但無助於產出提升，反而會讓人陷入精神渙散與身體耗竭的惡性循環。美國梅約診所 (Mayo Clinic) 指出，過勞與壓力已成為導致慢性疾病的主要元兇之一，包含心血管疾病、免疫力下降、焦慮失眠等症狀。事實上，世界衛生組織早已將「過勞」正式列為職業健康風險的一環。

適度的休息與切換，不僅能讓情緒穩定，也有助於集中注意力與恢復創意。從辦公桌走出來曬曬陽光、換個姿勢伸展筋骨，或是簡單地走一圈街區，都是有效的調節方式。即使短短 10 分鐘，也足以重啟大腦能量。

音樂，是心靈的天然解藥

根據 2022 年哈佛醫學院的一項研究，透過音樂誘導放鬆的療法可顯著降低壓力激素皮質醇的濃度，且對睡眠品質與情緒穩定有明顯提升作用。選擇你熟悉並能引發正面回憶的旋律，在靜謐時刻播放，不僅能促進心情平穩，更能與自我內在建立深層連結。

建議可以預錄一段 30 分鐘的播放清單，配合安靜空間與閉眼冥想，進入一種「有意識的鬆弛」。當你發現雜念湧現時，不需責怪自己，而是輕聲對自己說：「我正在放鬆。」讓身體與情緒共同參與這場放空的儀式。

2. 休息是為了走更長遠的路

睡眠，是最被忽略的超能力

在各式管理技巧與效率工具當道的今日，睡眠卻常常被壓縮到最低。實際上，它是身體與大腦恢復功能不可或缺的關鍵資源。當我們熟睡時，大腦會啟動一種名為「腦淋巴系統」的清除機制，排除白天累積的代謝廢物與神經毒素。

成年人每天建議睡眠時間為 7 至 9 小時，年長者則可能需要更長的休息時間。亞馬遜前技術長維爾納・沃格爾斯（Werner Vogels）曾在受訪時坦言，他從不低估短暫休息對大腦運作的影響。在高強度的科技產業工作節奏中，他每天都會安排固定的「微午睡」時間，有時只需 15 至 20 分鐘，就能讓他的大腦重新聚焦、重整邏輯，進一步提升決策與應對效率。他指出，與其強撐疲勞工作，不如讓身體與思緒有片刻復位的空間，這樣反而能在長時間的策略思考中維持清晰判斷力。

無論你是企業領袖、教師、工程師，或是全職家長，小睡都是快速恢復思緒與專注力的有效策略。Google 多年來在其總部與部分國際辦公室設置「Nap Pods（小睡艙）」，讓員工在午後感到疲憊時能短暫小憩。這些高科技膠囊座椅不僅配有音樂與定時喚醒功能，也成為員工恢復專注與情緒的私密空間。多數使用者反映，小睡有助提升精力與穩定心情，整體工作表現與滿意度也因此獲得正面回饋。

身體不是機器，不可能永不疲倦地高效運轉。重視休息，

習慣十　釋放壓力

不只是讓自己偷得浮生半日閒，更是長遠成功的基礎。

休息並非浪費時間，而是滋養生命的必要節奏。唯有認真看待「休息」這件事，並將其納入生活規劃中，我們才能真正維持長期穩定的表現與健康。你不需要等到筋疲力盡才來休息，真正聰明的人，是在疲勞來臨之前，就已安排好給自己喘息的空間。

3. 旅遊也是心靈療癒

當生活被會議、帳單與社群通知填滿，心靈往往早已超出負荷。這時，一趟離開熟悉環境的旅行，無論遠近，都是讓情緒重新呼吸的一種方式。旅行的意義不在於抵達某個特定的景點，而在於我們能暫時脫離日常結構，重新看見自己。

根據 2022 年發表於《*Journal of Travel Research*》的研究，即使僅是為期兩天的週末旅行，也能顯著降低焦慮指數，並提升情緒穩定與睡眠品質。研究進一步指出，每年至少進行兩次休閒旅行的人，在壓力恢復力與生活滿意度方面的表現，顯著高於缺乏旅行習慣者。這顯示短期旅行不僅是生活的調劑，更是情緒健康與壓力管理的重要策略之一。

3. 旅遊也是心靈療癒

放下熟悉，才有空間感受新鮮

旅行的魅力之一，在於打破我們對世界的預設立場。當你走進一座不熟悉的城市、點一份聽不懂名字的餐點，或在陌生的街角與當地人交換微笑，那些原本僵硬的自我界線便開始鬆動。這些時刻或許短暫，卻會在心理上留下持久的餘韻。

現代神經科學研究指出，當人處於未知或新奇的環境時，大腦的多巴胺系統會被活化，特別是負責動機與獎賞的區域，如腹側被蓋區與伏隔核，進而提升探索欲望與產生正向情緒。以色列心理學家娜歐蜜・艾森伯格（Naomi Eisenberger）的研究同樣強調環境與情緒密不可分的關係。每當我們離開熟悉場域、走入陌生風景時，心情常會出現明顯的正向轉折。

旅行不必總與飛機、五星飯店畫上等號。一趟說走就走的火車小旅行，或是開車出城探訪一個沒去過的小鎮，都是放鬆心靈的方式。2020 年疫情期間，美國戶外旅遊平臺 Hipcamp 發現，鄉村地區的短期露營預訂量相較前一年成長超過 150%。這一變化顯示，在高壓環境與社交限制之下，越來越多人選擇逃離城市，轉向自然空間尋求情緒平衡與心理慰藉。Hipcamp 創辦人指出，這波「回歸自然」的浪潮，反映了人們在不確定時代中，對於寧靜與自我修復的渴望。

走進山林、接觸溪流、或僅僅在草地上靜坐發呆，這些看

習慣十　釋放壓力

似簡單的動作，其實正是在回應我們深層的心理需求：與自然重新連結、與自我重新對話。

文化的衝擊，是心靈的清新劑

長時間生活在同一文化脈絡中，我們容易陷入觀念的慣性思考。旅行讓我們親身感受不同的價值體系與生活方式，從而擴展對世界的理解，也對自己的困境產生新的視角。

英國哲學家艾蜜莉・湯瑪斯（Emily Thomas）在其專書《旅行的意義》（*The Meaning of Travel: Philosophers Abroad*）中指出，旅行能讓人短暫脫離日常的社會角色，進入一種純粹的觀察與體驗狀態。她稱這種現象為「哲學性抽離」，強調人在異地所獲得的自由感與新鮮視角，能喚醒感知力，也讓人放下對自我形象的過度監控，回歸更本真的狀態。這種心理與角色的轉換，正是旅行能帶來深層放鬆的原因之一。

旅行不只是娛樂，它是一種身心調整的過程。你不必等待「有時間」、「有預算」才去規劃旅行，甚至一次簡單的散步或當日往返的小旅行，也能產生深遠的心理效益。在異地的光景中，我們重新看見自己，也重新發現生活的可能性。

別等壓力逼得喘不過氣時才逃跑，而應主動安排「讓心放個假」的時刻。

4. 工作之外，記得放鬆

當工作成為人生唯一的重心，我們往往容易忽略一件事：人的精力是有限的，情緒也是需要休養的。若不懂得適時放鬆，久而久之，便會在無形中耗盡動力與對生活的熱情。與其日復一日地咬牙撐住，不如主動為自己安排「情緒休假」，將日常的壓力轉化為修復的養分。

在瑞典，「Fika」不僅是一段咖啡時間，更是一種深植職場文化的社交儀式。許多瑞典企業，包括 IKEA 與 Spotify，會在下午安排 15 至 30 分鐘的 Fika 時段，讓員工暫時離開工作崗位、喝杯咖啡、自在交流。雖然這項作法並非由政府正式推動的制度，但其廣泛實施已被證明能有效提升員工的工作滿意度與團隊氣氛，也有助於降低心理壓力與職場倦怠。

小小的儀式，就是心靈的避風港

每個人都有屬於自己的紓壓方式。有人靠音樂、有些人靠運動，也有人喜歡以一杯熱茶作為與自己的對話時光。重要的不是形式，而是你是否願意為自己設計一套能夠安頓情緒的日常儀式。

美國心理治療師琳達・史都華（Linda Stewart）指出，人在結束一段高壓情境後，若沒有適當的過渡，很容易將未釋放的

習慣十　釋放壓力

情緒帶入家庭或下段工作情境，進而形成情緒積壓。她建議每個人都應設計一套屬於自己的「過渡儀式」(transition rituals)，不論是下班後到公園散步、在車上聽一段喜歡的播客，或只是到熟悉的咖啡館靜坐片刻，都有助於讓情緒自然落地。這些簡單的行為不為產出，而是為了幫助我們從緊繃狀態中抽離，重建內在平衡。

情緒管理的方式，可以更成熟

與其在情緒低潮時衝動消費或酗酒，不如透過有意識的安排，找到一條更適合長期維持的紓壓路徑。例如，有些人透過寫下購物清單來控制衝動，將情緒出口與實際生活需求結合，便能避免事後懊悔。

2015 年，英國劍橋大學一項針對「理性消費與情緒穩定」的研究指出，那些在購物前有明確計畫與預算控管的人，更能在購物過程中獲得情緒紓解，同時避免衝動消費所帶來的焦慮與財務壓力。研究團隊指出，計畫型購物者在情緒調節與財務健康上的表現普遍優於無規劃的消費者，顯示「購物」作為壓力出口時，理性與規劃才是真正關鍵。

4. 工作之外，記得放鬆

心靈的照拂，是一種責任

我們對外在世界投入大量精力，卻常忽略最應該被照顧的對象——自己的心。人不是機器，不能一直運作而無須維修。當你開始問：「我今天的心情如何？」這就是一種溫柔的提醒，也是對自我最基本的尊重。

而放鬆心靈不一定需要外在條件，只要願意練習，也能在日常中找到安定。以下四個技巧來自正念與呼吸訓練的綜合實踐，能有效協助你在高壓狀態下重拾平靜：

1. 身體掃描放鬆法

坐直身體，閉上眼睛，將注意力從頭部慢慢掃描至腳趾，依序放鬆每一處緊繃的肌肉。告訴自己：「我正在讓身體放鬆，讓心沉靜。」

2. 平靜心象想像法

在腦海中描繪一幅安靜的風景，或你曾經造訪的某處自然景致，如日出時的山巒、靜謐湖面，或黃昏時的林間步道。讓畫面盤旋於心，取代紛擾念頭。

3. 情緒語言引導

輕聲重複如「安靜」、「柔和」、「沒事的」等字詞，有助於平撫焦躁的心緒。聲音節奏愈慢愈柔，放鬆效果愈明顯。

習慣十　釋放壓力

4. 內在鏡頭切換

　　試著把情緒抽離當下，站在第三人稱角度看待自己的處境。這能幫助我們從壓力中心退出，換個視角重新理解自己的情緒反應。

　　這些技巧或許簡單，但若持之以恆，會如涓滴入海，慢慢累積出一種深沉的自我穩定力，讓你在每一次情緒暴風來臨時，都能有一處安穩靠岸的心港。

　　真正成熟的生活方式，是能在追求成就之餘，懂得照顧自己的心。工作可以是人生的一部分，但不應成為人生的全部。你有責任讓自己快樂，而這份快樂，不需要華麗代價，只需一點時間、一點覺察，以及一點點溫柔對待自己的習慣。

5. 調節自己的情緒

　　當今社會快速變遷，許多人在職場與家庭之間疲於奔命，不知不覺中將心靈壓縮在壓力的夾縫中。焦慮、憂慮、恐懼與煩躁成了日常情緒背景音。這些情緒不見得來自大事，有時只是來自地鐵上的擁擠、工作上的一句指責，或夜深人靜時的一聲嘆息。

　　事實上，愈容易被外在環境撼動的人，愈容易情緒起伏過大，讓旁人無所適從。久而久之，這樣的情緒型反應會造成孤

5. 調節自己的情緒

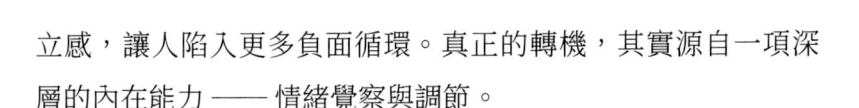

立感，讓人陷入更多負面循環。真正的轉機，其實源自一項深層的內在能力 —— 情緒覺察與調節。

改變情緒反應，從改變認知開始

　　現代心理學指出，情緒並非直接來自事件本身，而是來自我們對事件的解讀方式。美國心理學家亞伯特·艾利斯（Albert Ellis）在其所創立的理性情緒行為治療（REBT）中明確指出，人們的煩惱不來自事情本身，而是源自他們對事情的信念與詮釋方式。當個體用不合理、極端或絕對化的觀點看待事件時，往往會引發過度的情緒反應。反之，透過辨認與調整非理性信念，人們可以學習更有效地面對現實、處理壓力，並維持心理穩定。

　　舉例來說，當火車誤點，有人暴跳如雷，有人安然等待，也有人拿出筆記本開始寫作。事件相同，情緒卻因思維反應而天差地別。這意味著我們其實可以選擇如何對待事件，也就等於我們可以主動選擇如何感受。

自我調節，是一種可以學會的心理能力

　　情緒調節不是壓抑或逃避，而是透過理解與轉化，讓情緒成為我們的助力而非阻力。以下幾種自我調節的方法，經過多項心理研究證實，能有效減少情緒困擾、提升心理韌性：

習慣十　釋放壓力

1. 擴大心胸的視角

培養豁達性格，能讓人放下小事、不斤斤計較。根據哈佛醫學院整理的心理健康研究顯示，具有寬容與原諒傾向的人，在情緒調節與壓力管理方面表現更佳，罹患焦慮症與憂鬱症的風險也相對較低。這些人更容易維持良好的睡眠品質與人際關係，整體身心健康指數也顯著較高。研究指出，寬容不僅是一種道德選擇，更是一種有益身心的心理策略。

2. 練習放鬆反應

當情緒高漲時，刻意離開當下情境，透過深呼吸、肌肉放鬆或正念練習快速平復身心。美國麻省總醫院（Massachusetts General Hospital）開發的「放鬆反應訓練法」（Relaxation Response），由哈佛醫學院教授賀伯特‧班森（Herbert Benson）創立，已被廣泛應用於臨床治療焦慮、壓力、失眠與其他壓力相關疾病。這項訓練透過深呼吸、冥想與專注技巧，引導自律神經系統進入放鬆狀態，有助於穩定情緒與生理指標。多年研究顯示，其在非藥物治療中效果顯著，已成為醫學界推崇的整合性身心療法之一。

3. 節制情緒的出口

透過理性語言內化情緒，例如在心中重複「我可以慢下來」、「這只是短暫的挫折」，有助於減緩怒氣與沮喪的爆發。這類自我對話已成為認知行為治療（CBT）中重要的一環。

4. 建立內在的穩定基地

將注意力從外在掌聲或壓力抽回內在。當你不再一味追逐比較與成就，就能逐漸培養「心閒」的品質。德國精神科醫師曼夫瑞德・史匹哲（Manfred Spitzer）在其著作與公開演講中多次指出，現代人在高資訊密度與數位干擾下，大腦長期處於過度刺激與喧囂狀態。他主張，大腦需要有意識地「放空」與靜心，才能有效整合資訊、重建注意力，並維持心理平衡。他提醒我們，如果不為大腦安排沉靜時刻，最終將失去思考與情緒復原的能力。

5. 發展生活中的小確幸

快樂不必靠大事件，日常的小事也能成為調節情緒的資源。例如規律運動、栽種植物、與朋友對話、從事手作創作等，都能啟動「多巴胺」與「催產素」的正向循環，強化情緒韌性。

6. 允許適度的空白時間

忙碌之餘，主動安排不為任何目的的空閒時光，是讓大腦休息與整合的關鍵。根據英國 BBC 於 2022 年發布的一篇報導指出，「閒暇片刻」不僅能讓大腦從持續高壓中短暫抽離，更有助於啟動與創造力相關的內在思維系統。報導引述多項研究指出，適度放空與無所事事不應被視為浪費時間，而是一種潛在的心理修復機制，特別對長期處於高壓環境中的工作者而言，更是促進創意與降低焦慮的重要調節方式。

習慣十　釋放壓力

　　煩惱不是敵人，它是訊號。透過覺察、調節與重新選擇，我們其實都有能力與情緒和平共處，甚至讓它成為個人成長的起點。

　　情緒調節不是天生的，而是一種需要練習的生活智慧。當我們願意花時間練習這些內在功課，便有能力在風雨中站穩腳步，為自己的生活與情緒負起真正的責任。

習慣十一
強身健體

> 人生的幸福從來不只是靠運氣，而是奠基於一個穩定且健康的身體。與金錢、地位或事業成就相比，健康是唯一無法用外在條件取代的根本條件。當我們擁有健康，一切目標都還有實現的可能；一旦健康流失，再多的夢想也無處安放。

習慣十一　強身健體

1. 健康是成功人生的起跑線

有一句話說得好：「身體是靈魂居住的房子。」若房屋傾頹，內部再美麗也難長久。根據世界衛生組織指出，全球每年有超過 4,000 萬人因可預防的慢性病過早死亡，其中多數與生活習慣有關 —— 久坐不動、飲食失衡、睡眠不足、壓力過高。換句話說，健康從來不是天賜，而是自我經營的結果。

你若不在乎，身體也會回應你

在現代社會裡，不少人年輕時仗著體力充沛，把身體視為「用不完的資源」。直到某日晨起時發現胸口壓悶、走幾步路便氣喘吁吁，才意識到健康早已悄悄「辭職」。國際職場健康調查顯示，40 歲以下的創業者中，有超過 65％人曾因身心過勞進行過醫療介入。

成功不該建立在身體的耗損上。許多在職場上表現傑出的領導者，也都一致強調「體能」是他們穩定決策與持續前行的根本資本。例如，加拿大科技公司 Shopify 的共同創辦人托比．盧克（Tobi lutke）就曾在訪談中表示，他每天早晨固定運動，並將運動視為與會議同等重要的行程安排。他說：「我對待運動的方式就像對待會議一樣 —— 我排入行程，並且不輕易取消。」對他而言，清醒的大腦必須建立在穩健的身體之上。

1. 健康是成功人生的起跑線

健康的習慣，其實不難養成

健康從來不是神祕的學問，它來自最樸實的日常選擇：多走路、多喝水、規律作息、適度活動。你不會任由愛車年年上路不做保養，那為什麼你的身體可以長期不被照顧？

2021 年，英國國民健康署在其「Every Mind Matters」心理健康推廣行動中指出，每日步行 30 分鐘，搭配每週兩次肌力訓練，就足以有效提升血液循環、睡眠品質與心理狀態。不必追求高強度健身，只需穩定累積，就能帶來深遠的身心變化。NHS 強調，這些轉變也許不會立刻出現，但三個月、六個月、一年後，你將會驚訝地發現 —— 不只是精神與體能，就連膚色與思緒也變得截然不同。

健康不只是一種個人狀態，更是一種能量的傳遞。一個身體挺拔、精神飽滿的人，自然散發出一股振奮人心的氣息。當你帶著健康的姿態進入社交場合，周圍的人往往會因你的正向狀態而有所轉變。

心理學家馬丁・賽里格曼在其正向心理學代表作《邁向圓滿》(Flourish) 中指出，正向的心理與健康的身體往往相輔相成。當一個人擁有充足的能量與良好的生理狀態時，不僅情緒更穩定、抗壓性更強，也更能以正向方式影響周遭人際氣氛。這種從內而外的正向循環，有助於提升幸福感與社會連結。

習慣十一　強身健體

建立屬於你的健康計畫

不需要高昂的健身會員費,也不必一開始就設立艱難的挑戰。從簡單的每日睡眠 8 小時、適量飲水、定期散步與曬太陽做起,再逐步加入晨間伸展、改善飲食內容、減少久坐時間。記得,真正可行的健康管理,是可以持續一輩子的生活方式,而非短暫追求的壓力挑戰。

你也可以每年給自己一份「健康評估」,寫下這些問題作為起點:

- ◆ 我現在的身體狀況是什麼?
- ◆ 是否有需要改善的習慣,例如姿勢不良、運動不足、過度疲勞?
- ◆ 這一年我想達成什麼健康目標?
- ◆ 我願意為這個目標付出什麼具體行動?
- ◆ 我的下一個身體挑戰是什麼?我準備好了嗎?

透過書寫與自我追蹤,你不只是在建立一份健康檔案,更是在為未來的人生打造一座穩固的基礎。

健康不是醫生的責任,而是每一個人的日常選擇與自我承諾。當你願意從今日起養成健康的習慣,並將其視為人生目標之一,那麼你將擁有足夠的體力去追逐夢想,面對風險,也活出真正的幸福。

人生不是短跑,而是馬拉松,唯有強健的身心,才能撐到最後並享受沿途風景。

2. 從生活習慣開始健康

健康並沒有萬用的公式,也沒有全球通行的長壽祕方。每個人都需學會了解自己的身體狀況、生活環境與心理節奏,建立出適合自身的生活方式。

唯有養成良好的日常習慣,才能在多變的現代社會中維持身心穩定,走出屬於自己的健康之路。

根據美國國家醫學圖書館(National Library of Medicine)的界定,健康不僅是沒有疾病或虛弱的狀態,更是一種涵蓋身體、心理、情感與社會層面的整體福祉。在這個基礎上,所謂的「健康素養」實際上是一種關鍵能力 —— 即能夠尋找、理解並運用正確的健康資訊,進而做出有利於自身與他人健康的決策與行動。這種能力不只是知識的累積,更是面對醫療選擇與生活風險時,實踐健康生活的關鍵素養。

然而,大多數人在年輕時往往對健康掉以輕心,直到身體出現警訊才開始警覺。但與其亡羊補牢,不如提前調整日常作息與生活習慣,從源頭降低風險。根據《刺胳針》2020 年的一項全球疾病負擔研究指出,超過一半的非傳染性疾病致因與生

習慣十一　強身健體

活習慣有關，包括抽菸、酗酒、缺乏運動、不均衡飲食與慢性壓力等。這些風險因素若能及早覺察並加以調整，將有助於顯著降低疾病風險與醫療負擔。

你的健康狀態，是你選擇出來的

　　健康不只是醫療的問題，它源於選擇。從每天是否走樓梯、吃多少蔬菜、何時上床睡覺、是否定期運動等細節累積而來。我們之所以稱其為「習慣」，正因為它是一種自動化的行為迴路。一旦形成，就會長期影響我們的能量水平、免疫功能與心理狀態。

　　世界衛生組織指出，全球超過 70％ 的死亡來自於生活方式疾病（lifestyle diseases），如心臟病、中風、糖尿病與癌症。而其中可預防比例高達 80％ 以上。這代表，我們的選擇其實比基因更關鍵。

十種高風險習慣，正在悄悄削弱你的健康

　　根據哈佛公共衛生學院研究，以下是最常見且與早逝高度相關的不良習慣：

(1)　長期吸菸

(2)　慣性情緒失控與易怒

(3)　飲酒過量

(4) 作息紊亂與睡眠不足

(5) 過度依賴藥物而缺乏醫療監控

(6) 疾病拖延不治

(7) 缺乏節制的性行為與風險行為

(8) 長期憂鬱、焦慮或失去生活動機

(9) 缺乏社交網路與情感支持

(10) 完全不運動或久坐生活型態

上述行為不僅會削弱免疫系統，還會影響內分泌、自律神經與腦部健康。尤其在數位社會中，人們長時間接觸螢幕、睡眠時間不規律，對於長期健康的損耗往往是累積性的，表面上看不見，但身體都會記得。

選擇健康，就是選擇未來的自己

健康的養成不靠奇蹟，而來自一點一滴的自我調整。從減少含糖飲料、每日活動 30 分鐘、每週至少三次與人面對面互動開始。你的飲食方式、思考模式、工作節奏與情緒管理方式，將會形塑出未來十年的你。

舉例來說，英國國民保健署推出的「Better Health」計畫顯示，透過推廣簡單的改變如減鹽、走路上下班、調整呼吸放鬆技巧，能在短短 12 週內大幅改善體重、血壓與情緒指數。這證實健康並非遙不可及，而是一個可以逐步實現的現實目標。

習慣十一　強身健體

健康是與自然合作，不是與身體對抗

身體如同宇宙的一部分，也擁有對稱與平衡的自然律動。肌肉與骨骼的協調、內臟的節奏性運作、荷爾蒙的晝夜分泌，無一不依賴於我們是否尊重「適度」與「平衡」。失衡的作息、暴飲暴食或長期熬夜，會破壞這個機制，使身體陷入慢性發炎與病變風險中。

在芬蘭，一項由政府與大學醫療體系共同推動的健康倡議「Health Village」鼓勵民眾將「生活即養生」的理念落實於日常。他們認為，真正的健康並非僅指疾病的缺席，而是來自於五個生活層面的平衡：營養、運動、睡眠、情緒與社交。這五者的和諧互動，正是提升活力、預防疾病與延長壽命的基礎。透過這項倡議，芬蘭也試圖讓健康從醫療系統走向每個人的日常選擇中。

現代人不是被疾病打倒，而是被習慣擊潰。若你每天都為自己安排一些微小的健康選擇，例如飯後散步、睡前遠離螢幕、固定一週一次的社交活動，那麼五年後的你，身體狀況與精神狀態將會大不相同。

請記得，沒有人能替你走路、呼吸或做出選擇。真正的健康，不是交給醫院或保健品，而是交還給你自己。當你選擇對自己負責，身體也會回應你最溫柔的回饋。

3. 規律運動，提升健康防線

「健康的心靈寄宿在健康的身體中」這句源自古羅馬詩人尤維納利斯（Juvenal）的格言，在現代社會依然歷久彌新。身體活動不僅是維持生理機能的必要條件，更是改善情緒、提升專注力與降低疾病風險的最佳途徑。

然而，真正能帶來益處的運動，並非盲目從眾或一味強求，而是需配合個人體能狀況、生活節奏與心理需求進行調整，才不致揠苗助長，反而造成健康損害。

事實上，運動的效益早有科學實證支持。根據美國疾病管制與預防中心建議，成年人每週應至少進行 150 分鐘的中等強度有氧運動，並搭配兩次肌力訓練，如此可有效降低心血管疾病、糖尿病與憂鬱症的風險。即便只是每天抽出 15 分鐘快走、20 分鐘伸展，也足以為健康帶來正向影響。

正如管理大師史蒂芬・柯維（Stephen Covey）所言：「當你花時間磨斧頭，砍樹就更有效率。」運動就是我們為自己「磨斧」的方式。

運動的價值也在於它為心靈提供出口。心理學家海蒂・格蘭特・哈爾沃森（Heidi Grant-Halvorson）在《Psychology Today》中指出，當人們感到焦慮與無力時，簡單的身體活動能帶來內在的控制感，減少不確定與被動感。這正說明了運動如何在情緒管理中扮演關鍵角色。像是慢跑、快走、騎腳踏車或瑜伽等

習慣十一　強身健體

活動，不僅能調節神經系統，還能促進內啡肽分泌，進而改善心情、提升抗壓能力。

至於該選擇什麼樣的運動方式，端視個人條件與偏好而定。對初學者而言，散步是一種簡單卻效果顯著的起點。散步不僅能促進血液循環、提升肺活量，更適合用於思考與自我對話，不受場地、時間與年齡限制。根據《英國運動醫學期刊》(*British Journal of Sports Medicine*) 一篇研究顯示，每天步行 8,000 步以上的人，罹患早逝風險顯著下降，即便無法每天達成，維持規律步行仍能有效延長壽命。

而對喜歡挑戰與身體對話的中高齡者來說，太極拳、輕量訓練或游泳皆是極佳選擇。美國加州大學洛杉磯分校的一項實驗指出，持續練習太極拳的年長者在平衡能力與心肺耐力上都有明顯提升，且認知功能亦有改善。此外，冬泳、瑜伽、皮拉提斯等適合身體已有基礎者，能進一步強化肌群與柔軟度。但最重要的不是運動的「種類」，而是「持之以恆」的決心與實踐。

若身體不便進行劇烈活動，靜態方式如冥想、靜坐、深呼吸練習亦具有意想不到的效果。這些方式能幫助人們調整呼吸頻率、平衡自律神經，有助於降低壓力荷爾蒙皮質醇的濃度。研究指出，冥想練習持續八週即能改善專注力與睡眠品質，特別適合處於高壓職場與生活節奏快的人群。

運動是一種身體的節奏，也是一種心理的平衡。選擇合適的運動項目，不需與人比較，不必追求極限，只要堅持，便會

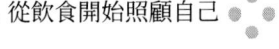

在每一次流汗之後,遇見更有力量的自己。

運動之於健康,如同水之於魚,是無可替代的生命支柱。

4. 從飲食開始照顧自己

現代人常因生活忙碌而忽略飲食品質,然而,真正的健康往往來自日常三餐的用心經營。良好的飲食習慣,不只影響體能與免疫力,更是預防慢性病與提昇生活品質的關鍵。

所謂的均衡飲食,並非僅僅計算每日熱量的總和,或只關注體重的變化曲線,而是要讓人體在不同生理狀況與活動強度下,能適時攝取各類所需營養素,並使攝入與消耗之間維持一種穩定的動態平衡。這樣的平衡不是靜止不動,而是根據年齡、性別、活動量、健康狀態等因素隨時調整的結果。

人體每日所需的營養素主要包括六大類:蛋白質、脂肪、碳水化合物、維生素、礦物質與水分。蛋白質是組成肌肉、酵素與免疫系統的基本材料;脂肪則為能量儲備來源之一,也參與激素合成與細胞結構維持;碳水化合物是最直接也最主要的能量來源,對腦部與神經系統運作至關重要;維生素與礦物質則在各種代謝反應中擔任催化與調節角色;而水,雖常被忽略,卻是維持體溫、運送營養與代謝廢物不可或缺的媒介。

一旦這些營養素的攝取長期失衡,例如蛋白質不足可能導

習慣十一　強身健體

致肌肉流失與免疫力下降；過多攝取飽和脂肪則可能提高心血管疾病風險；缺乏維生素或礦物質也會造成如貧血、骨質疏鬆等問題。因此，真正的均衡飲食，不是追求單一營養或迷信某種「超級食物」，而是讓每一類營養素各司其職，形成支持人體健康與活力的完整系統。

飲食搭配的原則與建議

由於不同食材所含的營養成分各異，因此在選擇食物時應留意多樣性與搭配方式，以下幾項原則可作為日常飲食的參考：

1. 主食與副食的協調

主食如米飯、麵條、地瓜等，提供主要的能量來源；副食則涵蓋蛋白質來源如豆類、肉類、蛋、奶與蔬果，負責修復組織、調節機能，兩者應均衡分配。

2. 粗細糧交替攝取

精緻澱粉雖然口感佳，但容易造成營養不均，應適度加入五穀雜糧，例如糙米、燕麥或薏仁，增加膳食纖維與微量元素的攝取。

3. 葷素並重，營養互補

肉類富含高品質蛋白與鐵質，而蔬菜提供抗氧化物與鹼性礦物質。將兩者搭配不僅提升蛋白質吸收率，也能協助身體維持酸鹼平衡，常見例子如「魚燉豆腐」或「肉絲炒高麗菜」。

4. 熱食與生食適當安排

雖然蔬菜經過烹調較易消化，但部分維生素會因此流失。適量搭配生菜沙拉、涼拌蔬菜等冷食，有助保留營養，並刺激食慾。

5. 固體與液體的整合攝取

搭配湯品或飲品有助消化吸收，例如早餐配豆漿、中餐佐蔬菜湯等，皆能提升整體飲食的營養價值。

依據個人條件調整飲食策略

理想的飲食規劃不可能完全一致，必須考量年齡、性別、身體活動量與健康狀況等因素。舉例來說，中老年人應控制脂肪攝取，著重高纖與高鈣飲食；青少年則需要增加蛋白質與熱量支持成長。無論年齡與身分，每個人都可以從自身條件出發，逐步建立適合自己的飲食規律。

正如一句老話所說：「一把豆、一把菜，一口飯、一碗湯」，簡單的原則貫穿的是科學與生活智慧的結合。養成良好的飲食習慣不需要高深的知識，只需要每日用心的選擇與持之以恆的實踐。

5. 心理健康很重要

哈佛醫學院指出，壓力本身並不可怕，但若情緒長期得不到適當釋放與管理，將可能成為蠶食健康的隱性力量。情緒失衡不只影響心理狀態，更會逐步影響免疫系統、心血管功能與睡眠品質。

心境的好壞往往比外在環境更具決定性。當代生活節奏加快，人們長期暴露在經濟壓力、家庭衝突、職場競爭與自我期許等多重張力下，情緒失衡成為普遍的社會現象。

根據心理學研究，輕微的焦慮與壓力有助於激發行動力，但若長期無法排解，便容易演變為慢性心理疾患。例如，持續的沮喪會導致對未來失去希望；強烈的孤獨感會使人抗拒人際接觸；對環境的失望會讓人陷入自怨自艾。這些負面情緒一旦無法有效轉化，就可能阻礙日常生活運作，甚至影響身體健康。

認識心理困境的徵兆

現代人的心理困擾形式多樣，有些表現隱微卻殺傷力強。以下是常見的心理失衡跡象：

(1) 長時間陷入低落情緒，難以恢復；

(2) 不願與人互動，逐漸封閉自己；

(3) 面對抉擇難以做決定，過度依賴他人意見；

(4) 經常覺得工作與人際皆不得志，難以信任他人；
(5) 對生活現狀與未來普遍感到失望與無力；
(6) 出現睡眠障礙、記憶力下降或莫名的身體不適；
(7) 對微小挫折反應過度，甚至情緒爆裂。

這些心理反應若持續出現，可能已超出自我調整的範圍，此時尋求專業心理諮商是必要的自我保護。

養護心理的實用方式

心理健康並非單靠「意志力」就能維持，而是需要一套系統性的生活習慣來支持。以下是幾項有助於穩定情緒與提升心理韌性的策略：

1. 建立自我對話機制

學習觀察自己的想法與情緒變化，適時以正向語言安撫自我，例如對自己說：「這只是暫時的，我有能力處理它。」

2. 規律地表達情緒

情緒不應被壓抑。透過寫日記、創作、與親近朋友談心，能有效釋放壓力。

3. 擁抱自然與休閒

接觸大自然、參與藝術、閱讀或進行任何讓自己感覺愉悅的活動，有助於恢復心理能量。

4. 維持人際連結

良好的社會支持網路是情緒穩定的保護因子。定期與朋友聚會、主動關心他人，都能幫助減輕孤單感。

5. 接受不完美的自己

心理成熟的關鍵，是理解人生本無法盡善盡美。我們不是要消除所有煩惱，而是學會與之和平共處。

心理健康不是理想狀態，而是日常選擇

一個心理健康的人，並非永遠處在無風無浪的狀態，而是即使面對困難與煩惱，也能維持內在的穩定。他們不會因為生活中的意外打擊而徹底失序，而是懂得如何調整自己的認知與情緒，在混亂中尋找秩序。他們的情緒雖然會受到波動，但不會因此而迷失方向。

這樣的人，具備一種被心理學家稱為「情緒彈性」(emotional resilience)的能力。他們在壓力面前不逃避，也不急著反擊，而是先觀察自己內心的感受，辨認壓力源，再選擇最合適的方式應對。他們知道，過度的自責只會讓問題惡化，而否認情緒則會使壓力在潛意識中沉澱成更大的創傷。因此，他們願意正視脆弱，也願意尋求支持，從情緒中學習，而不是被情緒主導。

此外，心理健康的人懂得靈活轉換視角。他們能從不同的角度理解事件的發展，不會僅用「成功」或「失敗」二元思維來

評價自己。他們明白,有些挑戰是用來成長的,有些失敗是邁向改變的轉折。他們也知道,不是每一次的努力都會有立即回報,但每一次的努力都為自己奠定了更強大的心理基礎。

更重要的是,他們內心有一種穩固的核心價值,即使外在世界不如預期,依然能從生活中找到值得感謝與珍惜的事物。他們願意面對生活的不完美,也相信自己有能力慢慢修補裂縫。正是這份「有勇氣面對,也有耐心修復」的力量,使他們即使身處逆境,也能走得更穩、更遠。

我們都無法預測生活會拋來什麼難題,但我們可以選擇培養穩健的心理素質。讓身心保持彈性與平衡,正是我們走向幸福人生的穩固基礎。

6. 精神健康是現代人的基本功

在追求健康與成功的過程中,我們時常忽略了精神的力量。許多人以為,強壯的體魄等同於健康,卻忽略了穩定而清明的內在狀態,才是面對人生風浪時真正的底層韌性。唯有精神健康的人,才能持續面對壓力與挑戰,並從混亂中整合自我,重新找回人生的主控權。

精神健康不代表情緒毫無波動,而是能在情緒起伏中找到回歸平衡的能力。這樣的人不會掩飾脆弱,也不會逃避失敗,

習慣十一　強身健體

而是能誠實面對現況，並設法調整節奏與心境。他們在不如意中仍能保持希望，在壓力下仍願意學習與成長。研究指出，當人具備自我調節與反思能力，不僅能有效因應生活壓力，還能延緩身心老化、降低慢性病風險。

建立健康心態的十個習慣

保持精神健康，需要具體的實踐方式。以下十個習慣可幫助你建立更穩定的內在秩序：

(1) 為人生設定目標，並對未來保持希望與期待；
(2) 保持對新鮮事物的好奇心，勇於探索與學習；
(3) 培養感恩之心，珍惜當下所擁有的一切；
(4) 練習適應現實，但不放棄改變的努力；
(5) 建立穩定的學習與成長節奏，持續充實自我；
(6) 在情緒低潮時自我安撫，學習復原與彈性；
(7) 敞開心胸，維持良好的人際關係與信任感；
(8) 培養包容與諒解的態度，減少無謂的內耗；
(9) 保持創造力與遊戲感，例如參與藝術或體育活動；
(10) 擁抱年齡與變化，不用數字定義自己的人生價值。

這些習慣並非一蹴可幾，而是需要日常的點滴累積與自我覺察。精神健康並不是天賦，而是一種選擇。

良善與共好，是最深層的健康修養

一顆願意付出、樂於助人的心，是精神健康最直接的表現。根據美國一項長達 14 年的研究，經常參與公益、與人建立溫暖關係的人，死亡風險明顯低於孤立自守者。這說明了，道德感與人際連結，不只是價值觀的問題，更直接影響我們的身心狀態。

真正心理健康的人，往往具備一種內化的樂觀態度，他們不會天真地否認困難的存在，也不會輕忽生活的複雜與壓力，而是選擇以一種較柔軟且開放的心境去面對挫折。他們理解，人生本就不是一條筆直平順的道路，而是一連串曲折反覆的學習與轉化。因此，當生活不如預期，他們能保有希望，也懂得從中找尋新的可能性，讓失敗變成學習的養分。

這樣的人，也往往具有幽默感。幽默不只是讓人開懷大笑的工具，更是一種心理韌性 —— 能夠在壓力與矛盾中，為自己與他人創造心理空間。他們懂得自我調侃、不將一時的挫折放大為人生的絕境。這樣的幽默並非逃避現實，而是面對現實的一種溫柔策略，它幫助他們釋放情緒、保持彈性，也讓周遭的人感到輕鬆與安全。

此外，真正健康的人並不迷戀「完美」的幻影。他們接受自己的不完整，理解人生的價值並不來自於無瑕，而是來自於如何在裂縫中灌注光亮。他們明白：成長並不意味著要無所缺憾，

習慣十一　強身健體

而是在每一次破碎之後,仍能選擇修復、重建,甚至因此看見更深的自己。

　　他們的心胸往往寬闊,不僅對自己寬容,也對他人保有理解。他們不輕易批判,不急於貼標籤,而是願意以同理心去看待差異與矛盾。這樣的人,即使過著平凡的生活,卻能在人際互動中傳遞出溫度;即使沒有顯赫的成就,也能在生活的一點一滴中活出尊嚴與力量。他們用日常行動詮釋一件事:真正的非凡,從來不是靠聲量或標籤建立,而是源於內在的穩定。

習慣十二
周全規劃

　　許多人每天早出晚歸、腳步不停，卻總感覺進展有限，甚至對成果感到失望。問題並非努力不足，而是缺乏事前思考與清楚規劃。我們習慣直接投入行動，卻忽略先靜下來思考「為什麼做」、「該怎麼做」與「如何做得更好」。沒有方向的勤奮，很容易變成消耗；而有策略的行動，才可能真正轉化為成果。真正有效率的人，往往不是做得最多，而是最先想清楚的人。

習慣十二　周全規劃

1. 年計畫：讓新的一年有方向

多數人都曾在年初立下願望，卻在年末發現那些願望依舊停留在紙上。不是缺乏熱忱，而是少了一份具體可行的計畫。時間總在日常瑣碎中溜走，我們忙碌卻感到空轉，努力卻看不見成效，問題往往不是行動力不夠，而是欠缺有系統的規劃與優先順序的安排。

年初是制定長期目標的最佳時機。這時多數人會對未來產生期待，但僅僅有願望還不夠，若少了明確方向與實踐策略，再宏大的夢想也只會淪為空談。因此，建立年度目標前，不妨先做一次個人盤點，把所有想完成的事項一一列出，無論是學習一門新語言、改善健康、轉職、存下一筆錢，都先寫下來，不加篩選。

接著，從這些清單中選出最關鍵的四項，並進一步從中挑選出一個作為今年的核心目標。這項目標應該是你最渴望完成、對人生現階段最具意義的任務。當這個目標確定後，其餘三項則依重要性排序，成為輔助目標。這樣的步驟，有助於聚焦資源與時間，避免陷入目標過多卻無一完成的窘境。

明確目標後，需進一步制定中期與短期計畫。建議以季為單位拆解年目標，然後將每一季細分為月計畫與週行動清單。如此一來，大目標不再遙不可及，而能在每一個具體行動中逐步實現。舉例來說，若核心目標是轉職成功，第一季可以設定

為完成履歷優化與技能補強，第二季開始進行職缺投遞與面試練習，如此步步為營，才能真正前進。

年度計畫之所以重要，不只是為了安排時間，更是對個人價值與方向的一種自我確認。每一個能夠實踐目標的人，往往不是運氣特別好，而是早早就明確了自己要什麼，並持續修正與執行。

當你建立起這樣的規劃習慣，不僅年度成效會更加豐碩，也將為未來累積穩健的成長基礎。

2. 月計畫：細節是關鍵

當年度藍圖逐漸明朗後，下一步便是細化到每個月的具體執行階段。月計畫不再僅是方向的確認，而是實際行動的安排，這是將理想轉化為現實的關鍵一環。相較於年計畫的宏觀概念，月計畫更注重任務的分解與執行節奏的掌握，特別適合進行跨週期任務的追蹤與調整。

在制定月計畫時，首要任務是從既定的年度目標與中期目標中拆解出月度任務。這些任務應具有明確的起點與終點，且能與接下來的週計畫與日計畫環環相扣。舉例來說，若年度目標是學習一門新語言，當月的目標可以是完成初階課程或累積30小時的練習時數。

習慣十二　周全規劃

接下來，請將月曆攤開，標記出所有已知的固定安排，例如節日、請假日或不可動的會議時間。這樣一來，你能更清楚實際可運用的工作日數，也能提早避開潛在的時間衝突。同時，也別忘了把與生活相關的計畫納入安排，如家庭聚會、朋友生日或短期休假，這些不僅有助於平衡生活，也能避免臨時插入行程造成進度延誤。

在排定月度任務時，建議將跨月型的專案進行標注，並清楚定義本月需完成的階段性成果。例如若你正在籌備一場展覽或進行長時間的寫作，應分段設定進度節點，確保每月任務皆為大目標的有機組成。這不僅有助於追蹤進度，也避免臨近截止時陷入倉促。

此外，良好的月計畫還需具備彈性。過度緊湊的行程安排會增加變數導致挫折感，建議每週或每月保留一定的緩衝時段，應對突發狀況或突如其來的靈感轉向。時間規劃的目的是為了提升生活品質，而非讓人陷入焦慮與壓力。

值得一提的是，月度計畫也非常適合用來養成新習慣。根據心理學研究，21 天是養成一項新行為的關鍵門檻，若能在一整個月持續推進某個習慣目標，例如每天早起運動或固定閱讀半小時，就能從被動執行轉為主動內化。這正是月計畫的另一層價值：不僅落實任務，也潛移默化地優化你的生活方式。

總之，月計畫是連結長遠藍圖與日常實踐的橋梁。只要善

用這個時間單位,把握「可執行」與「能調整」的雙重特質,就能在穩健中持續累積成果,推動生活邁向你真正想要的樣貌。

3. 週計畫:激發前進動能

每週的時間結構天然地兼具彈性與穩定性,這讓週計畫成為一個極具激勵性的工具。七天的時間不算太長,卻足以推動具體目標的實踐。尤其對多數人而言,五天的工作日與兩天的休息日構成清晰的節奏,既能讓人適時獲得成就感,也方便在短時間內調整策略,修正不足之處。

與月計畫相比,週計畫較少受到長週期活動與外部節奏的影響,靈活性更高;也比日計畫更具整體性,不會被細節牽絆過多。在這樣的時間單位內,我們可以更有效率地測試一種新的做事方式,或針對特定任務進行集中突破。一週內的成果明確、回饋快速,是建立持續行動動力的重要節點。

明確聚焦:掌握行動的重心

進行週計畫時,建議將本週的任務清楚寫下,並放在每天都能看見的地方。這不僅有助於保持專注,也能不斷提醒自己目前的優先事項。可以透過簡單的問題引導自己聚焦:

習慣十二　周全規劃

(1) 本週最需要投入時間與精神的是什麼？
(2) 有哪幾項任務是「非做不可」的？
(3) 是否有些例行事務必須預先安排以避免臨時混亂？
(4) 有無潛在棘手的問題值得提早處理？
(5) 是否存在值得嘗試或有機會實踐的創新點？
(6) 這些問題有助於釐清工作的重心與順序，同時提升行動的效率與自信感。

善用週末：創造休息與再出發的動能

　　週末不該只是時間的過場，更應成為生活節奏的轉折點。除非有緊急任務，請盡量避免將工作延伸到週末，否則容易造成長期壓力堆積與效率反噬。合理安排週末活動，不僅能幫助身心真正休息，也為新的一週儲備能量。

　　建議預先規劃週末行程，例如戶外走走、與朋友聚會、閱讀、做菜或從事某項興趣活動。這些看似平凡的安排，卻能在情緒上帶來巨大的療癒與轉換效果。當你知道週末有值得期待的片刻，就更有動力在平日完成計畫，讓工作與生活形成健康的節奏循環。

4. 日計畫：精準落實目標

　　真正落實目標的關鍵，不在於描繪多麼宏偉的藍圖，而是每天是否具體地推進一步。宏圖雖能激勵人心，但若缺乏日常行動的支撐，再美的構想也終將淪為空談。每日計畫的存在，正是為了將抽象的願景轉化為具體可行的步驟，它不是形式上的記事，而是一種生活策略，是將大方向拆解為小行動的實用工具。

　　唯有把整體目標劃分為清楚的階段任務，讓每一天都有明確重點，才能在時間的累積中見到具體成果。這樣的安排不只是為了效率，更是一種心理建設：讓人知道即使挑戰再大，只要每天完成一點，最終也能逼近目標。這種「以日為單位的進展」正是成功人士最常運用的節奏管理法則。

　　每日計畫的價值，就在於它強迫我們正視「今天能做什麼」，而不是一直期待「明天會變得更好」。當計畫落在紙上、行動落實於當下，理想就從此不再遙遠。這也正是將夢想轉化為成果的關鍵所在。

　　有效的每日計畫應包括：

1. 明確的任務拆解

　　將長期與中期目標細化成每日可完成的小項目。

習慣十二　周全規劃

2. 書寫與記錄

將日計畫寫下來，有助於減輕記憶壓力，避免遺漏，也可產生心理上的承諾感。

3. 預留機動時間

安排計畫時預留空白，以應對突發事件，保持行動彈性。

4. 結束檢視

每日結束前回顧當天成果，評估完成度並調整明日計畫。

每一天的開端，是設定心態的最佳時機。許多人帶著焦慮入眠，醒來時又被壓力籠罩，因此，設計正向的晨間儀式格外重要。

你可以這樣做：

1. 播放正能量音樂

聽活潑、鼓舞人心的音樂，能快速提振情緒與精神。

2. 聆聽激勵語音或內容

選擇可喚起動機的音訊作為早晨背景，進一步強化正面思維。

3. 前晚規劃行程

在前一晚預先列好隔日任務，讓你清晨即能進入執行狀態。

4. 正向語言自我引導

對自己說出明確、具鼓勵性的語句，例如：「今天我會完成重要任務」、「我準備好了」。

培養持續的自我激勵習慣

每日計畫除了實務安排，也應該強化身心健康與自我激勵的習慣，這些行動能提升專注力與生活品質：

1. 建立勵志閱讀習慣

睡前閱讀正向書籍，可幫助潛意識建構正向思維。

2. 固定規律運動

每週三次進行全身性運動（如散步、游泳、球類運動等），幫助維持身心活力。

3. 自我肯定練習

透過日常語言練習自信心，例如「我正在進步」、「我會完成今天的目標」。

4. 避免情緒自我設限

不讓負面預設壓縮你的行動空間，轉換語言就是轉換狀態的第一步。

這樣的日計畫不只是行事曆，更是你與生活對話的方式。當你把每一天活得具備方向與節奏，長遠目標自然在累積中逐漸實現。

只要從每天做起，你就已經走在通往自我實現的路上。

習慣十二　周全規劃

6. 規劃有序，工作不亂

讓工作更有條理，是最基本卻也最容易被忽視的效率關鍵。許多人面對堆積如山的任務時，常感到焦頭爛額，其實問題往往不在事情太多，而在於缺乏合理的規劃與整理。正如一位企業主管曾坦言：「我最大的問題之一，就是無法讓我的工作變得井然有序。」這種狀況並不少見，從凌亂的辦公桌、公事包到雜亂的待辦事項清單，都透露出規劃力的缺失。

要讓工作步入正軌，首要是釐清三個基本問題：

(1) 我目前的工作內容為何？
(2) 每一項工作的優先順序是什麼？
(3) 我對這些工作的目標、權限與責任清楚嗎？

當你能將所有正在進行的工作羅列出來，並依照重要性重新排序，你就能掌握全貌並避免事務性的忙碌遮蔽了真正關鍵的任務。進一步地，每一項任務若能標記執行方式與過往有效的方法，將大幅提升你完成工作的效率與品質。

擬定計畫與日程表，避免無效忙碌

將年度、季節、月度、每週乃至每日的工作進行分層規劃，能幫助你掌握節奏，預先安排專案進度與資源配置。其中「工作日程表」的作用，尤為重要，因為它關注的是「現在」該處理什

麼，而非遙遠的藍圖。

許多人之所以覺得工作太多太雜，不是因為任務真的過量，而是欠缺條理，將瑣事視為要事，反而陷入疲於奔命的惡性循環。

依據時間管理的基本原則，有效的工作日程表應包含以下策略：

(1) 以最重要的任務為核心安排行程，確保先完成真正有價值的工作。
(2) 將相似性高的任務歸納一起執行，如集中處理信件、拜訪、文件審核等，減少思緒切換所耗損的能量。
(3) 考慮自身精力曲線安排工作強度，將創造性、挑戰性高的任務放在自己最有精神的時段，例如上午。
(4) 保留彈性時段處理突發事件，避免一旦受到干擾便影響整天進度。

此外，建議隨身攜帶筆記本或備忘紙，將當下閃現的重要想法或新任務隨手記錄，避免遺漏。對於較長遠但暫無急迫性的想法，也可集中於週末時間整理歸納，讓靈感不被時間沖刷遺失。

整理桌面，釋放思緒空間

一張整潔的辦公桌，不只是效率的象徵，更是心理秩序的具體化。許多人之所以習慣將重要資料堆放眼前，是出於「提醒

習慣十二　周全規劃

自己不要忘記」的心理,然而當資料越積越多,反而導致反效果 —— 在混亂中尋找、在壓力中遺漏。

提升桌面條理性的方法包括:

(1) 將與目前任務無關的物品全部清除,只保留正在處理的資料。
(2) 所有工作專案應各自歸檔分類,放入抽屜或資料夾,並標記清楚。
(3) 避免因無聊或分心而轉移到其他工作,應確實完成當前任務後再進行下一項。

依完成狀況調整物品放置順序,例如:

(1) 緊急處理的項目放最上層;
(2) 暫時擱置的資料歸入「等待」資料夾;
(3) 尚需規劃的任務歸類為「未處理」項目;
(4) 長期儲存的數據應整理存檔,不占用視覺空間。

一位知名作家的工作桌即以「秩序」著稱 —— 他的資料、稿件、聯絡人清單皆有明確分類,不論查找哪一項,都能迅速定位。這樣的習慣,正是讓他能夠在高壓之下仍維持高產與高效的關鍵。

條理清晰,是自律的延伸

無論是清單、日程還是桌面,條理的本質其實是自律的延伸。一旦養成這樣的習慣,你不僅會在工作上游刃有餘,生活也會變得更加清明與安穩。規劃不必繁瑣,關鍵是是否能建立一套能長期執行的系統,而不是一時興起的整理行為。

唯有持續地簡化、明確與分類,條理才不再是口號,而是你真正的工作方式。

7. 知識的累積也需規劃

想要累積有價值的知識,關鍵在於是否具備明確的方向與計畫。當一個人什麼都想學,卻缺乏選擇與聚焦,往往只是在不同領域略知一二,最終難以真正精通任何一項知識。學習應當有策略,而非一味貪多求全。

以創投平臺 AngelList 的共同創辦人納瓦爾‧拉維坎(Naval Ravikant)為例,他早年便深信:「學習的重點不是越多越好,而是專注在真正重要的少數。」他每天閱讀、做筆記、反覆整理觀點,將學習當成一種長期投資,也因此在科技與投資領域迅速累積深厚實力。他曾說:「明確的學習方向,勝過任意擴張的知識堆積。」這句話,在資訊過載的時代,格外值得深思。

習慣十二　周全規劃

要有效累積知識，必須掌握幾項原則：

1. 設定明確的學習目標

只有當你知道要成為什麼樣的人，才會知道該學什麼。沒有目標的學習就像無舵之舟，容易迷失方向。

2. 選擇相互關聯的知識領域

知識若彼此脫節，就算累積再多，也難以形成綜效。建立清晰的知識結構，是發揮實質效用的前提。

3. 評估知識的相對價值

不同學習者對同一項知識的需求並不相同，應根據個人目標與專業需求，判斷哪些知識真正值得投入時間與心力。

此外，學習也需講求階段性的「限度」。根據教育學者的建議，在知識的浩瀚海洋中，應慎選書籍與資料，排除無助於學習目標的內容，以避免學習分散而無所收穫。這種「限制閱讀」並非狹隘，而是為了建立知識結構的核心與整體性。

要讓知識結構真正發揮效益，還需注意下列幾點：

1. 聚焦核心領域，發展個人特色

每一個專業領域都有其主要組成，像物理學者常以物理與數學為主幹，其他相關知識則作為延伸。

2. 系統化整合知識內容

將知識依內在邏輯整理與分類,提升運用效率。正如達爾文所言,科學即是「整理事實以歸納普遍法則」。

3. 培養跨領域的整合能力

不同知識之間往往具備潛在連結,例如地理與歷史相輔相成,懂得跨學科的關聯性,更能加深理解與應用。

4. 動態調整學習方向

知識不是一成不變的,隨著科技與時代變遷,學習內容與結構也應與時俱進,並適時做出調整。

調整知識結構的依據,主要來自兩項核心原則:回饋與預測。所謂回饋,是指學習者根據當下的實際需求與表現結果,及時修正既有的知識架構,例如當你在實務中發現某項技能運用困難,就必須重新檢視學習內容是否足夠深入或方法是否得當;而預測,則是一種面向未來的主動調整策略,它要求學習者根據產業趨勢或人生規劃,提早布局、補足知識盲點。

以微軟執行長薩蒂亞・納德拉(Satya Nadella)為例,他深知在高速變化的產業中,學習不能只是知識累積,而必須具備結構性與預見性。為了因應企業轉型與全球管理挑戰,他主動補強過去不熟悉的領域,從技術工程延伸到心理學、決策科學與組織文化,並將這些知識組織成能實際應用的策略架構。他的學習歷程展現出一種清晰的方向感與系統思維,也成為微軟

習慣十二　周全規劃

重新崛起的核心推手。

因此，累積知識絕不能只著眼於數量或廣度，而是要關注知識之間的關聯性與結構性。真正有價值的學習過程，是將龐雜的資訊逐步整理、歸類、內化，最終建立起一套能實際支撐問題解決、創新思維與目標實現的知識網路。這不僅是一種學習策略，更是一種生涯發展的關鍵能力。

即使我們的知識體系無法十全十美，但只要它能有效支撐我們前行的方向與使命，就已具備其存在的價值。畢竟，在這個資訊變動劇烈的時代，唯有具備選擇力、組織力與調整力的學習者，才能真正掌握自己的成長節奏，走出一條屬於自己的知識進化之路。

8. 探索自我，定位未來

作家兼職涯講者埃米莉・瓦普尼克（Emilie Wapnick）曾在TED演講中說道：「當我們了解自己多面向的興趣與能力時，就能打破『唯一職志』的迷思，活出屬於自己的職涯路徑。」她的話點出了現代職涯思維的一個重要轉折：不是尋找別人認為適合的角色，而是先搞清楚自己是誰。

前 LinkedIn 執行長傑夫・韋納（Jeff Weiner）也曾表示：「職涯真正的滿足感，來自於你的工作與你個人的價值觀與目標相

契合。」這句話提醒我們，選擇方向之前，必須先對自己的信念與動力來源有足夠理解。

在這個職涯多元化與選項爆炸的時代，清楚了解自己的特質、能力與渴望，不僅是生涯規劃的起點，更是避免迷失的關鍵指南針。

職涯規劃並非一時興起的選擇，而是一套需要深思熟慮的歷程，透過下列幾個步驟來逐步建構出適合自己的藍圖。

步驟一：釐清能力與興趣

了解自己適合什麼樣的職業，首要是釐清能力傾向與個人特質。針對能力的探索，可以採用兩種方式：

(1) 能力測驗：透過專業的心理量表，如霍蘭德職業興趣測驗（Holland Code）或 MBTI 性格測驗，協助辨識個人職場強項。

(2) 經驗分析：回顧過往經驗，從學習或工作中的實際表現，觀察哪些任務讓你得心應手，也可以請親友或同事從外部視角協助評估。

接著是性格分析。你可以透過下列方式來進行自我評估：

(1) 心理測驗
(2) 他人回饋

(3) 自我省思
(4) 專業諮商

當你開始更全面地理解自己，也就能更精準地設定長期發展方向。

步驟二：定位職涯方向

職涯定位的核心在於設定明確的行動目標。從能力與個性出發，列出可能適合的職種，再逐一評估工作內容、所需條件、環境氛圍與個人偏好。

學者約翰·L·霍蘭德（John L. Holland）曾提出六類人格職業配對模型，而現代職場實務上，也常見以下幾種職涯取向：

(1) 技術導向型：專注在專業領域的精進，重視技術突破，較少涉入管理工作。
(2) 管理導向型：具備高度組織協調能力，樂於扮演領導者角色。
(3) 創業導向型：渴望打造個人品牌或事業，重視獨立創造的價值。
(4) 自由獨立型：追求彈性與自主，偏好自由工作型態，例如顧問、設計師或自由撰稿人。
(5) 穩定保障型：傾向選擇具有長期保障與清晰福利制度的職業，如公職或大型企業內部職務。

(6) 明確的職涯取向不僅能排除模糊的選項，也有助於集中資源進行規劃與準備。

步驟三：制定可行方案與持續評估

當你對方向有一定掌握後，就能設計具體的行動計畫。有效的職涯方案通常包含下列內容：

1. 短中長期目標

明確區分 3 個月、1 年、5 年內希望達成的職涯里程碑。

2. 職務描述與行業前景

針對每一個職務深入瞭解工作內容、市場趨勢與未來發展。

3. 所需技能與培訓規劃

包括軟實力（如溝通、領導力）與硬實力（如程式語言、數據分析等）。

4. 人際網路與產業接觸

積極建立業界人脈，並透過實習或兼職累積經驗。

計畫制定之後，應定期回顧、調整方向。透過半年或一年的週期性反思，確認是否還走在正確軌道上，或是否需要因應環境變化進行修正。

習慣十二　周全規劃

步驟四：讓熱情成為選擇依據

現代社會的高競爭環境下，我們常為了生計妥協選擇，卻忽略了職業熱情的重要性。真正長久且有成就感的工作，往往來自內心的認同與投入。

因此，選擇職業時，除了考慮薪資、穩定性與發展潛力外，更應納入以下幾點評估：

- 這份工作能否持續激發我的熱情？
- 我是否願意為此持續學習與成長？
- 十年後的我，是否會感到滿足與自豪？
- 這份工作是否與我理想中的生活方式相符？

尤其對於沒有明確職涯方向的年輕人而言，建議選擇具備可轉移性技能的職務，例如行銷、專案管理、程式開發、教育等，未來即便轉職或轉地區，仍能保有核心競爭力。

最終，職業生涯的設計是一條充滿變數卻值得投入的旅程。它需要我們對自己誠實、願意嘗試，也勇於調整方向。選擇一條適合自己的路，不只是為了追求成功，更是為了在人生的長河中，活出一份真正屬於自己的價值與熱情。

習慣十三
智慧理財

> 金錢管理的基礎,不在於收入的多寡,而在於是否養成了正確的理財習慣。富裕與貧窮往往並非僅由機運決定,而與個人的財務行為密切相關。正如行為科學所指出,習慣的力量是潛移默化的,它能悄悄決定一個人走向持續累積還是匱乏的未來。

習慣十三　智慧理財

1. 讓儲蓄成為你的習慣

對於想要邁向財務自由的人而言,「開始儲蓄」往往是一道難以跨越的門檻。許多人認為自己尚未有足夠的資本可以存錢,或總想等到收入增加之後再開始規劃。但事實上,儲蓄並不是金額的問題,而是意識與行動的問題。就像每天早上刷牙、出門上班一樣,儲蓄應該是日常生活中自然的一部分,一種不假思索的慣性行為。

一項研究指出,當某項行為重複進行超過 21 天,大腦便開始將其內化為習慣,逐漸不需要太多意志力便能自動執行。換言之,只要你持續實踐儲蓄行為,即使是一筆小額,也能逐步建構出穩固的財務習慣。

許多人的理財失敗,不是因為收入太低,而是因為從未建立起「定期留錢」的行為模式。這些錯誤的習慣長年累積,最終形成了對金錢的被動與焦慮。

再者,若一個人內心深處長期懷抱著「我注定不會富有」的想法,那麼即使有了創造財富的機會,也很容易自我設限,甚至錯過良機。心理學家指出,潛意識對行為的影響遠超我們的想像。當你不相信自己有能力存錢、理財或致富,你的行為模式也會默默配合這樣的信念,導致實際狀況一再印證內心的懷疑。

反之，若能以正向的心態培養儲蓄習慣，並從中獲得紀律與掌控感，不僅能改變金錢流向，更能提升自信心、計畫能力與行動力。這些特質將進一步帶來更多財務與生活上的可能性。簡單地說，儲蓄是一種自我投資，也是一種自我訓練，它教會我們如何為未來負責、如何與風險共處，更重要的是，如何創造財務上的選擇權。

　　當你理解並掌握習慣的力量之後，儲蓄將不再是一項勉強自己執行的任務，而是一種自然流露的生活態度。屆時，你所建立的不只是銀行存款數字的成長，更是對未來不確定性的抵抗力，以及對人生主導權的重拾。

2. 金錢管理需理性

　　金錢雖然能夠購得便利與享樂，但若缺乏節制與規劃，往往也會成為失敗的伏筆。許多剛踏入職場的年輕人，常常在收入尚未穩定之際，就一頭栽進揮霍無度的生活。他們傾向用物質裝點自我，為了博得別人一聲「大方」，花錢不手軟，卻鮮少停下腳步思考：這樣的花費是否真的必要？是否與自己長期的人生目標有所連結？

　　財務失衡的習慣，並不僅是數字上的赤字，更是意志與紀律上的鬆散。從不記帳、不關心支出細節，到入不敷出卻仍追

習慣十三　智慧理財

求華麗排場，這些看似微不足道的行為，長期下來會悄悄腐蝕一個人的未來選擇權。

回顧許多失敗的例子，我們不難發現，那些在年輕時毫無節制花費的人，最終往往無力承擔突如其來的生活轉折，甚至因此斷送本可拓展的職涯。

一個有遠見的理財者，無論收入多寡，都懂得「量入為出」的原則。所謂節制，並非苛刻地壓抑所有欲望，而是理性評估每一筆花費背後的價值。現代生活中，許多支出其實並非真正的生活必需，例如菸酒、過度娛樂、攀比型消費等，這些行為看似即時快樂，實則如慢性毒藥般蠶食未來的儲備與安全。

更值得注意的是，有些人為了滿足外在形象的期待，不惜舉債度日。他們可能穿著名牌、頻繁外出應酬，但背後卻是信用卡債與貸款壓力纏身。久而久之，不僅財務陷入困境，連工作表現也會受到拖累，甚至錯失升遷與發展的機會。

若要真正脫離這樣的惡性循環，首要之務就是建立正確的金錢觀，從日常做起，逐步養成分配、記錄與預算的好習慣。這不只是理財技巧的培養，更是對自己未來負責的態度表現。時間不會為錯誤買單，耕耘什麼就收穫什麼。播下揮霍的種子，將收割焦慮與困境；但若選擇節制與規劃，未來收成的將是穩定與自由。

記住：你今日如何使用金錢，將形塑你明日能否掌握選擇

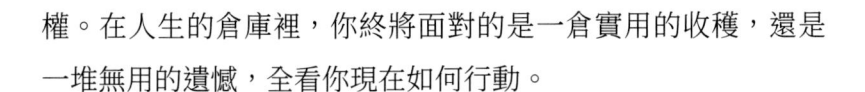

權。在人生的倉庫裡，你終將面對的是一倉實用的收穫，還是一堆無用的遺憾，全看你現在如何行動。

3. 思考方式決定富與貧

決定貧富的不僅是資源，更是思考方式。一個人的成功與否，常常取決於他如何看待金錢、如何對待機會，最關鍵的，則是他如何使用自己的腦袋。

貧窮不是原罪，但固守貧窮的思考模式卻會讓人無法翻身。相反地，只要願意轉換思考模式，即使一開始身無分文，也可能走向富足之路。

富人的資產，並不只是表現在銀行帳戶裡，更存在於他們的腦袋中。許多窮人一味羨慕富人的生活條件，卻忽略了富人在還沒有成為富人之前，是如何建構自己的思考模式與知識體系的。事實上，許多財富的起點，是來自於一種選擇性的認知與持續的學習，而非僥倖。

窮思維與富思維的根本差異

富人與窮人之間，最大的差異往往不是智商，而是思維與態度：

習慣十三　智慧理財

富人願意讓口袋一時清空，但絕不允許腦袋空洞，窮人則傾向讓腦袋閒置，卻無法忍受錢包短缺；富人將學習視為投資，窮人卻將學習視為成本；富人把金錢當作實現價值的工具，窮人則將金錢本身視為最終目標。

腦袋裡裝的是誰也偷不走的資產，而口袋裡的錢，隨時可能因為一場意外、一次錯誤的決策而消失。因此，真正能累積財富的人，絕對是重視知識與觀念輸入的人。長期來看，思維的貧富，將決定生活的寬窄。

選擇熱愛的工作，是駕馭財富的關鍵

以世界知名賽馬教練巴富達（Bob Baffert）為例，他即使早已名滿天下、財富自由，仍每天清晨六點前親自現身馬場，細心觀察與指導馬匹訓練。根據《紐約時報》報導，他曾坦言：「這不只是工作，這是我生命的一部分。」他之所以成功，不是因為「必須」努力，而是出於持續熱愛與對專業的堅持。

熱愛工作，才是推動一個人持續成長的動力來源。將工作當成享受，而非負擔，能使人在面對困難時保持彈性，在面對成功時保持謙卑。真正的富有，不僅是銀行存款的數字，更是在工作中找到價值感與成就感。

讓財富為人生目標服務

人生的價值不該用金錢衡量，而應看我們如何使用它。真正富有的人知道，財富不是為了炫耀，而是為了支撐理想的生活方式。反之，若執著於金錢本身，反而容易迷失方向，被財富所控制。若我們能轉換焦點，將重心從「賺多少錢」轉移到「我想成為怎樣的人、完成什麼事」，那麼財富就不再是一個壓力，而是一個有力的助力。

總之，打造富有的口袋，從建構富有的腦袋開始。選擇用長遠的眼光看待金錢，把學習與思考當作日常習慣，專注在價值的創造而非金額的累積，才能真正在這個競爭激烈的時代中脫穎而出，活出屬於自己的豐盛人生。

4. 把經驗變收入

好習慣不只是維持生活秩序的工具，它更能成為通往成功的鑰匙。若一個人想創造出屬於自己的事業，最有效率的方式，往往是從自己最熟悉、最熱愛的領域出發，結合既有經驗，逐步累積成果。

英國創作歌手暨 YouTuber 瑪莉・斯潘德（Mary Spender）正是一個活生生的例子。她從未試圖硬闖陌生的產業，而是充分

習慣十三　智慧理財

發揮自己對音樂的理解與表演的專業，將既有專長轉化為財富與影響力。

起初，瑪莉只是倫敦街頭一位默默無聞的音樂創作者，每月僅靠兼職與現場表演微薄度日。然而，她敏銳地察覺到數位平臺的潛力，開始定期在 YouTube 頻道上發布教學影片、音樂分析與自創作品，並以她獨有的細膩語氣與深度內容吸引眾多觀眾。她的頻道在短短幾年間便突破數十萬訂閱，並帶來持續性的廣告收入與合作邀約。

不同於僅靠一次性爆紅博取流量的策略，瑪莉堅持以穩定更新與高品質內容經營頻道，同時拓展與音樂器材品牌的合作，甚至發行實體專輯與數位課程。這些跨領域的延伸都建立在她對音樂產業的深刻理解之上，也讓她不必冒險涉足陌生的市場。

她的成功並非來自一夜之間的靈光乍現，而是紮根於多年來對音樂、演奏與聽眾需求的熟稔掌握。與其將資源浪費在不熟悉的行業冒險，不如專注發展自己熟悉領域的價值鏈。在每一次的內容產製與商業合作中，瑪莉皆能保持高度掌控，避免被外在風險帶著走。

對許多躍躍欲試的創業者而言，最穩妥的方式並不是模仿別人賺錢的模式，而是深入理解自身的優勢與背景資源，從中找到能創造價值的切入點。正如瑪莉·斯潘德所示，真正的財富不是來自投機，而是建立在熟悉領域的穩健耕耘與長期經營之上。

5. 家庭理財，從規劃開始

在這個資訊快速流動的時代，學會如何規劃家庭財務，不只是理性消費的展現，更是建立穩定生活的關鍵起點。對於新婚夫婦而言，擬定合適的投資組合與財務計畫尤為重要。

雖然有些人傾向避開保險類產品，認為其報酬率偏低，而選擇高風險的股票或債券市場，但真正擅長理財的人深知，資產配置的關鍵在於「多元且互補」。

建立家庭財務管理架構

想要有效管理家庭財務，首要任務是建立清楚的財務資料架構。建議分為三大區塊：

1. 日常帳務紀錄

使用簡單的帳本或電子表格，記錄每日收支，有助於掌握資金流向。

2. 購物與保固資料整理

妥善保存發票、保固卡與使用說明書，可因應未來退換貨或維修需求。

習慣十三　智慧理財

3. 金融資產檔案

整理所有銀行存摺、投資證明與保險憑證，萬一遭遇失竊或遺失，也能迅速補件與追蹤。

對於習慣數位生活的人而言，利用免費的理財 App 或 Excel 表格，不但能提升效率，還能在月底彙整收支類別，讓財務狀況一目了然。若再具備基礎的會計概念，更可進一步製作簡易版的「家庭資產負債表」，從資產與負債的比例中，掌握當前的經濟結構與家庭財務的承受能力。

打造婚後共識，從理財六步驟開始

財務不只是數字的加總，更是婚姻中的溝通與信任的反映。一項調查指出，約七成新婚夫妻婚後首度爭執多與金錢觀有關。因此，建立共同理財模式，是通往穩定關係的第一步：

1. 對話與共識建立

彼此的消費習慣與價值觀往往來自成長背景，因此婚前不妨坦誠交流。若婚後發現對方過於節儉或消費過度，也應以溝通取代批評。

2. 設立共享帳戶

雖然各自擁有個人帳戶沒問題，但設立一個可共同管理的家庭帳戶，能強化財務透明度與合作感。存款金額與用途應雙方同意，避免誤解。

3. 記帳與預算管理

固定記錄每月收支有助於掌握財務全貌，並做出必要的調整。同時也可養成預算分配的習慣，使每一筆支出更具目的性。

4. 設立共同目標

財務目標分為三階段：短期（如旅遊）、中期（如購車）、長期（如購屋或退休金）。明確的目標讓兩人更容易攜手邁進。

5. 緊急預備金的準備

建議至少準備三個月生活開銷作為緊急儲備，以應對突如其來的開銷，例如醫療費、失業或家庭事故等。

6. 智慧多元投資

投資組合不應單一化。將資金適度配置於股票、債券、不動產與保險，可在降低風險的同時達到資產成長。保險雖非獲利工具，卻是風險管理的重要一環。

理財並非壓抑享樂，而是為了創造更持久的幸福感。它不是要我們放棄對生活的熱情或削減生活品質，而是讓我們在可控的範圍內，妥善安排每一分金錢的流向，減少因突發狀況或無計畫消費所引發的焦慮與不安。當家庭的財務基礎穩固，雙方就能擁有更多自由，去選擇想要的生活方式，不必為每日的花費斤斤計較，也不需因財務不穩而與伴侶爭執。穩定的經濟條件是情感安全感的支撐，也是實踐夢想與實現人生目標的後盾。

習慣十三　智慧理財

然而，這樣的財務穩定不是自然而然就會發生，它來自於一種對未來負責的態度——「有意識地理財」。這代表我們不是在帳戶見底時才開始焦急地規劃，而是從生活日常中便建立起紀錄、預測與分配的習慣。有意識的理財，是一種前瞻的思考方式，能讓我們提早為風險做準備，並主動創造資源，從容應對生活中的起伏與挑戰。

長久下來，這樣的理財觀會改變一個人的生活節奏與選擇權，讓人有更多餘裕去關注真正重要的事物：健康、家庭、成長與理想。真正的幸福，不是來自物質的堆積，而是來自一種「我可以選擇」的自由。而這份自由，就從現在開始、從每一個有意識的財務決策開始累積。

6. 讓資金流動起來

累積資產並非僅是將金錢存入帳戶，而在於如何讓資金有效地運作、持續產生收益。將金錢閒置如同堆積在抽屜裡的種子，既無生機，也無未來。唯有善用資源，讓資金進入正確的流動機制中，才是真正建立財富的開始。

舉例來說，艾米莉亞在 30 歲時決定停止把薪資單純存入定存帳戶，她將每月多餘的金額投入一個多元資產組合，其中包含 ETF、可轉債與具社會責任的綠能基金。起初，她只希望能

6. 讓資金流動起來

補貼未來的退休生活,但五年後,她發現這些資產已為她創造出一筆可觀的被動收入。這些報酬雖然起初微小,卻因為持續投入與複利效應而逐漸擴大,成為她財務自由之路的基石。

要讓資金流動並非意味著冒險,而是根據風險承受度與目標合理配置。理財最關鍵的觀念之一是「時間與複利的力量」。將資金投入長期穩定成長的工具,如追蹤全球市場指數的 ETF,即便年報酬率僅 5%,經年累月後也能創造出驚人的累積效益。假設每年投入新臺幣 2 萬元,持續 20 年並維持 5% 的平均年報酬,最終可累積超過 66 萬元的資產。

另一項重要原則是資產多元化。不要讓所有資金集中於單一投資管道。「不要把雞蛋放在同一個籃子裡」這句老話依然適用。可考慮依照自身階段與目標,將資金配置於股市、債券、不動產與保險等資產項目。當其中某一項表現不佳時,其他項目可能彌補損失,進而穩定整體資產表現。

此外,也要懂得以正確態度看待金錢。真正的理財智慧不是壓抑生活享受,而是讓金錢成為實現目標的工具。那些只知道儲蓄卻不懂得讓錢為自己工作的人,終究只能守著有限的資源度日。而若一味揮霍甚至超前消費,不僅難以累積資產,還可能背上債務枷鎖,讓自己陷入長期經濟壓力。

在財務自由的道路上,最重要的不是賺到多少錢,而是懂得如何分配每一塊錢。從今天起,把握每一次資金的流動機會,即便是小額投資,也能逐步轉化為長期的穩定收入來源。讓

習慣十三　智慧理財

每一筆錢，都有機會為你創造更大價值，而不是僅僅停留在帳戶中的數字。

真正的富裕，不在於錢包裡的現金多寡，而在於你是否已經學會，如何讓錢為你工作。

7. 提升財商，打造更好的生活

當代生活節奏加快，個人對財務掌握的能力不再只是加分項，而是影響生活品質的關鍵指標。

理財智慧，也就是所謂的「財商」(Financial Quotient, FQ)，並非單純看誰賺得多，而是關乎誰能聰明地保有資產、讓金錢替自己工作，並創造出穩定且長遠的經濟基礎。高財商代表的是一種洞察與行動的綜合力：能看懂金錢運作的邏輯，也能選對方式執行並持之以恆。

財商不只是觀念，更是一種實力

許多人雖然努力工作，收入穩定，卻常陷入「月光族」的困境，原因並不在於收入過低，而是缺乏對金錢的正確認知與規劃能力。

高學歷、高收入並不等於高財商。舉例而言，根據美國金

融教育網站 SmartAsset 的 2022 年調查，即使在高所得族群中，仍有超過 40% 的人表示無法承擔一筆 500 美元的緊急支出。這顯示出，不論賺得多少，如果對財務缺乏規劃與預警能力，都容易在風險來臨時陷入困境。

投資於學習，才是真正的起點

財商並非天生，而是後天可以學習與培養的能力。真正拉開人生距離的，往往不是出身或學歷，而是能否提早理解金錢的運作邏輯，並在生活中持續實踐。英國創業家史蒂文・巴特利特（Steven Bartlett）便是最具代表性的例子之一。

他並非名校畢業生，20 歲出頭便輟學創業，與夥伴共同創辦社群行銷公司 Social Chain。這家公司在短短幾年間迅速擴張，並於德國成功上市。巴特利特也因創業實績與犀利洞見，成為 BBC 節目《龍穴之創業投資》（*Dragon's Den*）的最年輕評審之一。

他曾在受訪時坦言，自己的成功並非來自天資，而是來自「提早學會如何與金錢相處」。他認為，懂得金錢的時間價值、風險思維與資源配置能力，比高薪工作或財富繼承更關鍵。對他來說，財商不是冰冷的數字計算，而是打造理想人生的思維工具。

習慣十三　智慧理財

財富來自正確的選擇，不只是運氣

我們時常誤以為成功致富來自「運氣好」、「家庭背景強」，但實際上，多數穩健成長的財富來自日積月累的財務判斷力。真正的差異，不在於能否一夜致富，而是在於誰能在波動的市場中持續做出正確選擇。

美國財務規劃師拉米特・賽迪（Ramit Sethi）推廣的「意識型消費」（Conscious Consumption），強調人們可以理直氣壯地為自己重視的事花錢，但必須在其他部分嚴格控管支出。這樣的策略，讓財務計畫不只是壓力來源，而是一種實現理想生活的手段。

建立健康的財務觀，影響不只一代

財商不是短期內可見的報酬，而是一種長期影響人生各層面的基礎能力。一個具備財商的人，更能做出與生活目標一致的決策，避免因金錢焦慮而犧牲健康、人際或成就感。此外，財商的影響也會延伸到下一代，家庭的金錢教育若從小建立清楚的價值觀與基本管理能力，將大幅降低未來的財務風險。

總結來說，財商是現代人不可或缺的生活技能，不僅關乎金錢的使用與累積，更攸關生活的穩定與價值實現。唯有主動學習、堅持實踐，才能讓財富成為你生活品質的推手，而非壓力的來源。

習慣十四
合作共贏

在追求個人成就與事業發展的道路上,培養合作的能力與習慣,是不可或缺的關鍵。真正的合作精神,不僅限於與志同道合之人共事,更包含與觀點不同、甚至一度有衝突的人一同前行。一位真正成熟的人,能在多元觀點中找到協作的契機,並從他人身上汲取經驗與智慧。成功人士往往並非單打獨鬥,而是在持續實踐有效合作中不斷壯大自身實力。

習慣十四　合作共贏

1. 合作帶來優勢互補

在追求個人成就與事業發展的道路上，培養合作的能力與習慣，是不可或缺的關鍵。真正的合作精神，不僅限於與志同道合之人共事，更包含與觀點不同、甚至一度有衝突的人一同前行。

真正成熟的人，能在多元觀點中找到協作的契機，並從他人身上汲取經驗與智慧。成功人士往往並非單打獨鬥，而是在持續實踐有效合作中不斷壯大自身實力。

發揮各自所長，創造互利價值

每個人的時間與精力都有其極限，即便才華洋溢者也難以獨立完成所有任務。在現代社會，個人專業化趨勢日益明顯，唯有懂得合作，才能整合資源、擴大影響力。

英國社會創新者伊沃・戈爾姆利（Ivo Gormley）於 2009 年創立了社區平臺「GoodGym」，結合慢跑與志工服務，讓參與者在運動同時協助社區中的長者與弱勢族群。這項創新來自團隊的互補合作：有人負責設計體能活動，有人擅長組織社福行動。若非成員各自發揮專長並彼此支援，這樣的公益平臺難以成形。

合作不只是分工完成任務，更是彼此成就、擴展願景的關鍵力量。

認識差異，才能設計有效合作

每個人的個性與能力背景皆不同，若不善於辨識彼此的特點，就難以發揮協同效應。學會合作，必須先了解自己，也懂得欣賞與運用他人的優勢。

美國非營利組織「Team Rubicon」自 2010 年起，集合退伍軍人與醫療專業人士投入災難救援，他們的成功在於善用退役軍人的快速應變能力，搭配醫護人員的專業判斷，讓每一次任務能在高壓情境下精準完成。這樣的團隊安排展現了對成員差異的尊重與運用，也是合作達成高效率的具體展現。

隨著全球化與科技的迅猛發展，合作已不再是可有可無的選項，而是立足市場的基本能力。在開放式創新愈加主流的今天，團隊的組成往往跨越地域、文化與語言的隔閡。

2014 年，微軟推出雲端服務「Azure Machine Learning」時，便集結來自全球各地的資料科學家與工程師，他們透過遠距協作共同設計產品架構與測試模型，展現了合作在高科技領域中的決定性角色。若僅依賴單一部門或個人，難以應對高速變動的知識經濟挑戰。

真正具備全球競爭力的團隊，正是那些懂得放下成見、勇於跨文化合作的組織。

習慣十四　合作共贏

擴大合作邊界，超越人際偏好

現代人面臨的另一項挑戰，是突破只與熟人或價值觀相近者合作的慣性。在全球經濟與社會議題日益交織的今天，我們更需要學會與來自不同文化、背景與觀念的人共事。

以國際組織 ISACA 在 2017 年發起的「SheLeadsTech」計畫為例，這項倡議致力於提升女性在科技產業中的參與與領導權，並積極推動全球多國成員協作。來自英國、印度、肯亞等地的科技女性透過培訓、論壇與導師制度，共同克服語言與社會觀念差異，在知識分享與女性賦權上取得具體進展。這正說明，有效的合作不在於背景是否相近，而在於能否在差異中凝聚共識、攜手向前。

2. 攜手共進

在高度競爭的現代社會裡，想要單憑一己之力闖出一番天地，難度遠比過去更高。即使你具備過人的商業頭腦與堅定的執行力，也難以獨自應對創業過程中龐大的壓力與複雜挑戰。此時，擁有一位值得信賴、能夠互補所長的合作夥伴，將成為成敗的關鍵因素。

在新創浪潮中，成功往往不是來自單打獨鬥，而是來自志

2. 攜手共進

同道合者的明確分工與相互信任。美國創業公司 Warby Parker 是這樣的代表性案例之一。該公司於 2010 年由尼爾‧布盧門塔爾（Neil Blumenthal）、大衛‧吉爾波亞（Dave Gilboa）等四位華頓商學院的學生共同創立，透過網路銷售平價高品質眼鏡，打破長年由大型眼鏡企業壟斷的市場格局。

創業初期，四人依據各自專長進行分工：有人專注產品設計與使用者體驗，有人負責行銷策略與品牌定位，有人統籌供應鏈與財務規劃。這種「一人不必懂所有事，但團隊要能互補」的合作方式，讓 Warby Parker 能在資源有限的階段迅速累積口碑，並成為矽谷最具代表性的 DTC（Direct-to-Consumer）品牌之一。

無論在商業或社會領域，真正有影響力的團隊，往往不是由最強的個人組成，而是來自那些能彼此信任、懂得合作，並在差異中找出協作節奏的夥伴關係。

單打獨鬥的風險與限制

雖然有些創業者堅持「一人經營」能更靈活，避免利潤與權力分配的爭議，但在資本、技術、時間與壓力同步湧現的今日，獨立經營反而常成為限制擴張與創新的絆腳石。現代創業往往需要數十萬甚至上百萬元的起始資金，更別說人力、場地與行銷資源等額外開銷。一旦孤注一擲失利，便可能對創業者及其家庭造成重大影響。

習慣十四　合作共贏

而若有夥伴一同經營,不僅能分擔資金壓力,還能降低心理負擔,幫助彼此在面對困境時冷靜判斷。合作夥伴並不是讓人轉嫁責任,而是分工協力、共享風險與成果,建立真正的互信與夥伴關係。這也是當代創業精神中的核心價值。

合作是經驗的累積,更是學習的歷程

創業從來不只是產品或服務的競爭,更是人際關係的磨合與經營。透過與夥伴的長期協作,創業者將學會如何妥善溝通、處理衝突與分配資源,這些軟實力往往比技術或資金更能左右企業長遠發展的走向。在團隊互動中所累積的經驗,會成為創業者面對日後市場挑戰時最堅實的底氣。

美國共享辦公空間企業 WeWork 的創辦初期,亞當·紐曼(Adam Neumann)與米格爾·麥凱維(Miguel McKelvey)便是最佳例證。兩人來自不同文化與職涯背景,一人擅長銷售與品牌敘事,一人熟悉建築與空間規劃。他們在創業歷程中曾多次意見分歧,但正因為相互激盪與包容,才讓 WeWork 能在短時間內迅速擴展國際市場(雖然後期因管理問題導致風波,但初期成長的動力正是來自他們互補的合作模式)。

選擇正確夥伴，勝過事倍功半

創業夥伴的選擇，不應只是依賴情感直覺或單純「合得來」的感覺。每一段夥伴關係都如同訂立契約，牽涉責任、權利、資源分配與風險承擔。因此，選擇合作對象前，應從價值觀、工作態度、能力互補性、誠信紀錄等面向綜合評估。許多現代創業團隊也會簽署明確的合夥協議，約定股份比例、決策權重、退出條件等，以建立更穩定的合作基礎。

例如在矽谷創投圈中，創業合夥人之間簽訂「共同創辦人協議」（Co-founder Agreement）早已成為標準做法。這不僅保障彼此權益，更有助於避免未來因誤解或利益衝突而導致的破裂，確保合作關係能長遠發展。

總而言之，尋找合適的創業夥伴，不僅能提升創業成功的機率，更是一場人際理解與價值磨合的歷程。這份「左膀右臂」不只是你在商場上的後盾，更是你面對挑戰與成長時最關鍵的支持者。

3. 善於與人「牽手」

在這個講究資源整合與網路連結的時代，懂得借力使力，是一種實用而深遠的智慧。當自己的能力無法跨越某個門檻時，

習慣十四　合作共贏

若能適時與人合作，不僅能省下不必要的耗損，更有可能在互補中達成原本無法獨力完成的目標。

善於合作，不代表放棄主導權，而是有勇氣承認自己的侷限，並願意與他人共同創造更大的價值。

一如 2007 年創立於美國紐約的健康科技公司 Zocdoc，這個致力於改善醫療預約體驗的數位平臺，正是透過醫師、工程師與營運專業者的緊密合作，打破了傳統醫療系統的資訊壁壘。共同創辦人之一奧利佛・哈拉茲（Oliver Kharraz）本身擁有醫學背景，但他深知開發平臺所需的技術能力，於是主動與具備工程與產品開發經驗的夥伴合作，共同打造這項創新服務。正因為他願意放下「單打獨鬥」的慣性，尋求互補人才，Zocdoc 得以在競爭激烈的醫療市場中脫穎而出，成為全美最具代表性的健康科技平臺之一。

財富共享，而非零和思維

有些人認為，資源有限，合作就代表利益被稀釋，自己可能分不到最大的那一塊。這種觀點源自對財富的「靜態」想像——蛋糕就那麼大，分的人越多，自己分得越少。然而，真正具備創造力的合作觀念是「共製蛋糕」而非「搶食蛋糕」。只要願意聯手擴大成果，那麼每個人的收穫將隨蛋糕變大而提升。

3. 善於與人「牽手」

以 2008 年成立於立陶宛的創業公司 Vinted 為例，這是一個專門提供二手服飾買賣的線上平臺，由米爾達‧米塔庫提（Milda Mitkute）與共同創辦人尤斯塔斯‧雅瑙斯卡斯（Justas Janauskas）攜手創建。兩人分工明確，一人熟悉用戶與內容經營，一人擅長技術開發。她們並未陷入股份比例或主導權之爭，而是專注於打造最適合消費者的產品體驗，讓閒置資源得以循環再利用。

在信任與互補的基礎上，Vinted 從小型網站成長為歐洲最大的二手時尚平臺，並於 2019 年躍升為立陶宛首家獨角獸企業。這正說明，只要擁有共同目標與開放合作的心態，就有可能透過團隊的力量，開創出原本無法想像的市場格局。

合作是連結情誼，也是一種人際資產

合作的價值不僅體現在產出上，更重要的是人與人之間情感與信任的連結。從生活層面來看，城市化進程拉開了家人之間的物理距離，卻也開啟了彼此支援的新模式。有人出外打拚，有人留守家鄉照料長輩與小孩，這種相互分工與默契合作，是家庭穩定的基礎。合作精神不再只是商業社會的工具，更是社會和諧的情感紐帶。

在這樣的合作氛圍中，「你好、我好、大家更好」不再只是口號，而是日常互動中的真實寫照。當我們願意為對方多付出

習慣十四　合作共贏

一點，當下或許沒有立即回報，但長期而言，建立的信任與情誼終將成為不可替代的無形資產。

以品格維繫長久的合作關係

建立合作關係容易，維持合作關係卻需要深厚的品格作為支撐。合作的習慣只是開始，唯有誠信與品格才能讓合作關係長久不墜。誠信是合作的地基，一旦失去信任，再多的溝通與策略也無濟於事。

這一點在企業運作中更是明顯。2021 年，全球知名戶外服飾品牌 Patagonia 再次深化與非營利組織的永續合作策略，透過旗下平臺串連氣候行動團體，並持續將每年營收的 1% 捐出支持環境保護計畫。這些合作並非短期行銷或品牌操作，而是建立在共同價值觀、責任與長期信任上的協作關係。Patagonia 的成功說明，企業若能與理念相近的夥伴攜手，不僅能創造商業成果，更能推動有意義的社會變革。

總之，懂得與人「牽手」，是每個人在面對複雜挑戰時不可或缺的能力。不論是在職場、創業或人際關係中，願意與人合作、懂得與人共贏，才能真正實現長遠而持久的成功。

4. 強強聯手

無論多麼優秀的人，都無法憑一己之力完成所有目標。當代社會的複雜性與挑戰性，使得合作不再只是選擇，而是邁向成功的必經之路。成功從來不是單打獨鬥的成果，而是在彼此信任與協作中累積而成的厚實果實。

2013 年，肯亞的科技創業公司 BRCK 誕生，致力於為非洲偏遠地區提供穩定的網路連線。創辦人艾瑞克‧赫斯曼（Erik Hersman）雖具備強大技術背景，但他深知僅憑自身力量難以克服基礎建設不足、電力不穩等當地難題。因此，他主動與非洲本地企業、教育機構與國際資通訊科技公司建立合作關係，資源共享、知識互補，成功推動「Moja Wi-Fi」項目，為成千上萬名學童與社區提供可負擔的無線網路。赫瑟曼始終堅信：「真正的影響力，來自於懂得向外借力的人。」

共享不是犧牲，而是成就彼此

有些人習慣用「競爭」的角度看待一切資源，擔心他人若成功，自己便少一杯羹。然而若從「共創價值」的角度切入，我們會發現，透過合作所累積的資源與成果，遠大於各自單打獨鬥的總和。這正是許多創業者逐漸理解的重要轉折——幫助他人，其實就是成就自己。

習慣十四　合作共贏

2015 年，來自丹麥的社會創新平臺 Too Good To Go 應運而生，致力於減少每日因銷售預測落差而被浪費的食物。他們透過一款 App 連結餐廳與消費者，讓未售出的當日餐點能以優惠價格售出。來自法國的共同創辦人露西‧巴什（Lucie Basch）並不將其他商家視為競爭者，而是積極邀請他們成為合作夥伴，打造一個跨品牌、跨產業的共享網路。她深知，唯有透過互信與共利，才能真正推動減廢行動並建立長遠的社會信任。如今，平臺上已有數萬商家加入，這正是合作模式乘數效益的最佳證明。

面對全球化的高度連結與挑戰，單一企業或個人若無法建立橫向與縱向的合作網路，勢必在競爭中逐漸邊緣化。相反，懂得與他人分享資源與知識者，更容易匯聚智慧，創造超越自身限制的成果。

以荷蘭設計平臺 Fairphone 為例，這家成立於 2013 年的社會創新企業，始終堅持打造具倫理價值與永續理念的智慧型手機。他們未選擇全自營生產，而是與剛果民主共和國、印度等地的負責任礦產供應商建立長期合作，同時串聯德國的回收企業與供應鏈透明化科技組織，形成跨產業、跨文化的協作網路。其手機產品採模組化設計，允許用戶自行更換零件、延長壽命，這不僅展現出對環境的尊重，也體現 Fairphone 對合作與信任的長期承諾。

開放的胸襟與謙卑的心態

真正能成就大事者,從不拒絕他人智慧的參與。他們懂得「他山之石,可以攻玉」的深意,不抱持唯我獨尊的態度,而是虛心接納他人的長處來補足己身。在當今知識密集、資源跨界整合的時代,若想打造長久且有韌性的事業基礎,唯有建立良好且持久的合作關係,才能應對未來更為多變的局勢。

從 BRCK 的網路普及,到 Too Good To Go 的共享價值,再到 Fairphone 的倫理供應鏈,這些來自不同領域的成功故事都說明了一件事:願意向他人學習、懂得合作之道,才是真正具備未來競爭力的關鍵。

5. 雙贏思維

在當代社會中,沒有合作意識與合作習慣的個人或組織,很難產生足以擴張的規模化效益。真正能夠做成大事的人,往往具備「你好、我好、大家好」的胸襟與格局,懂得在合作中追求雙贏甚至多贏的結果。

雙贏的本質並非損己利人,也不是一廂情願的退讓,而是一種策略性選擇與長遠思維。在許多跨界合作中,最成功的例子往往來自於參與各方在實現彼此利益的同時,也進一步擴展

習慣十四　合作共贏

整體價值。例如 2017 年，西班牙物流科技新創 OnTruck 進入英國市場，主動與當地多家中小型貨運公司合作，透過 AI 路線最佳化與即時資料共享系統，有效減少空車返程的情況，提升整體物流效率與司機收入。這原本可能是彼此爭奪訂單的競爭關係，因平臺的串聯而轉化為共贏合作，實現企業、司機與客戶三方皆利的成果。

合作的前提，是為他人創造價值

真正能讓合作發揮效益的人，總是設法讓對方也能從中受益。這不只是策略，更是一種誠意的展現。當一方只想著如何「贏過對方」，那麼合作不過是短期權宜；唯有雙方都覺得值得、都有所得，合作關係才能長久穩定。

自 2018 年起，肯亞農業科技新創 Twiga Foods 透過串聯小農與都市零售商，建立數位化供應鏈平臺，迅速受到國際關注。他們並未以壓價壟斷農產品市場，而是改善物流與資訊效率，讓農民得以穩定收入、零售商也能獲得新鮮且價格合理的蔬果。Twiga 所實踐的雙贏策略，讓合作不再是妥協，而是創造出一個可持續、共生的農業價值鏈。

善意與信任,是長期合作的根基

合作並非一時之利,而是一種關係的經營。短期的交易可以靠計算完成,長期的合作則必須靠信任維繫。在建立信任的過程中,誠意、品格與真誠的行動缺一不可。幫助他人不應只是基於回報,而是相信彼此都有潛力一起成長。

2020年起,英國倫敦創業者奧利·巴雷特(Olly Barrett)推動「Co-founding Night」創業社群活動,讓來自各領域的創業者與潛在夥伴透過深度交流尋找價值觀共鳴。他不以職稱或資歷設限,也不要求參與者提出完整提案,而是創造一個建立信任的起點。這個平臺促成了多起橫跨科技、藝術、永續與金融的創業合作,證明真正長久的合作關係,始於相互理解與共同願景,而非利益交換。

真正的合作,是攜手面對未來的不確定

雙贏的意義,也在於能夠共同承擔風險與應對變局。在不確定性日增的世界裡,單打獨鬥往往力不從心,唯有多方協作、資源共享,才能快速調整與應變。

正如2021年疫情高峰期間,印度與南非聯合向世界貿易組織提出疫苗專利豁免倡議。雖然該提案面臨政治與商業角力,但它促使數十個國家、公衛機構與國際NGO展開深度對話,最終促成美國等國轉變立場,並推動部分疫苗技術轉移至非洲等

習慣十四　合作共贏

低收入國家。這場全球合作雖非完美，卻是抗疫過程中少見的集體突破，也再次證明，誠懇讓利與願意共享的行動，往往能帶來真正長遠的改變。

總之，真正的合作不是零和博弈，而是從「我好」走向「你好」再至「大家好」的過程。在這個過程中，我們幫助了別人，也成就了自己，為未來鋪出更寬廣的道路。

習慣十五
愛你所做

在高壓與高節奏並存的現代職場中,許多人時常感到疲憊、焦慮,甚至對日復一日的任務感到倦怠。然而,如果能在工作中找回初心,甚至從中發掘樂趣與意義,不僅能提升工作表現,也將改善整體生活品質。工作不該只是負擔,更可以是一種自我實現的路徑。

習慣十五　愛你所做

1. 在工作中找心動的感覺

想要在職場中脫穎而出，熱情往往比能力更具影響力。那種把工作當作「夢中情人」般對待的態度，正是許多傑出職業人持續成長的關鍵。熱情不是憑空而來，而是來自對所做之事的認同與投入。

以德國社會創業者弗拉內克・拉茲（Veronika Laczny）為例，她於 2016 年共同創辦了「Kitchen on the Run」——一個以貨櫃改造為廚房的巡迴社區計畫，穿梭於歐洲各國，邀請難民與當地居民共同下廚、共餐與交流。她原本在非營利機構擔任行政職務，長期處於高壓與繁瑣的工作環境中。然而，對跨文化理解與人際連結的熱忱，讓她選擇離開穩定職涯，投入創造這個結合飲食、人道與社會整合價值的平臺。

數年間，Kitchen on the Run 已走訪超過 10 個城市，觸及數千名參與者，並獲得歐盟計畫資助，成為移民融合與社區連結的典範。對弗拉內克而言，工作從不只是職位，而是一條不斷與人建立意義關係的旅程，也讓她在推動社會改變的過程中，找到更深層的熱愛與使命感。

只要擁有真誠的熱情與持續行動，看似平凡的工作，也能成為實現夢想的跳板。熱情的本質不在於事情本身是否華麗，而在於你如何選擇看待與經營它。

1. 在工作中找心動的感覺

熱情是選擇，不是天賦

許多人對職涯的熱情在入職初期格外明顯，因為陌生感與挑戰性激起探索欲望。然而一旦工作漸趨熟練，便容易陷入倦怠與例行公事的迴圈，這正是職場最常見的心態陷阱。熱情若僅憑感覺，是無法持久的，它需要透過主動的態度與反覆的行動來養成。

心理學家塔爾·班夏哈（Tal Ben-Shahar）在《更快樂》（*Happier, No Matter What*）一書中指出：「真正的快樂，是快樂與意義交會的結果。」這句話套用在職場上，提醒我們：只要願意在工作中不斷尋找意義、追求挑戰，並投注真實的投入，熱情與成就感便會源源不絕。這包括持續設立微小目標、學習新技能、嘗試新的解決方式，或是與同事建立支持性關係，進而讓工作成為日常中值得期待的一部分。

不靠評論定義自己，而靠成果讓人信服

無論職業為何，都難免會面對外界質疑或旁人冷言冷語。維持熱情的關鍵，在於清楚自己的方向與目標，不輕易被他人影響。與其擔憂他人觀感，不如專注於創造具體成果。當你用行動與表現證明自己的選擇，自然會獲得尊重與機會。

熱情是一種選擇，也是一種責任。選擇以熱情對待工作，不代表逃避現實，而是願意把一件事情做得更好、做出意義，

並在過程中成就更好的自己。這份內在動力，才是職場真正無法被取代的價值。

2. 正能量工作

在快速變化的職場中，沒有人能決定所有外在條件，但每個人都可以決定自己的內在狀態。你的情緒、思考與行動方式，最終都會反映出你所選擇的心態。正向的態度不只是個性上的優勢，更是一種面對壓力與不確定時的心理韌性，是每一項成就背後的重要推手。

要培養這樣的心態，並非一蹴可幾，但可以從日常行動中慢慢練習，逐步養成正向的心理習慣：

(一) 從清晨展開主動的一天

早晨是一天中最具有轉捩力量的時刻。當你醒來時，若第一個念頭是拖延或厭煩，那麼這樣的情緒很容易如同連鎖反應，貫穿整日工作狀態。相反地，若能在清晨刻意創造一個清爽、有序的起點，例如快速起床、整理床鋪、開窗呼吸新鮮空氣或安排一小段靜心時間，就像幫自己按下「啟動鍵」，賦予大腦清晰的訊號：今天是值得投入的一天。

這些行動不需太繁複，關鍵在於「自己決定這天怎麼開始」。

當你主動選擇早晨的節奏與情緒，也就等於接下了這一天的主控權。

(二) 讓音樂為工作注入情緒節拍

情緒與音樂之間，有著密不可分的連動關係。科學研究已證實，特定類型的音樂能活化腦部區塊，提升專注力與情緒穩定度。當你一早播放一首節奏明快、旋律愉悅的歌曲，不僅能提升精神狀態，還能喚起身體的律動感，使心境從內向外產生轉變。

建立一份屬於自己的「工作前播放清單」，例如鋼琴輕音樂、輕爵士或無歌詞電子音樂，能讓你在尚未進入任務前，先透過聽覺調整情緒，為一天拉開正向序幕。音樂的節奏，也能幫助你進入一種流暢、有序的工作節奏中。

(三) 改變環境氛圍，打破慣性疲乏

長期在相同空間、固定座位工作，很容易讓思考路徑變得僵化。哪怕只是換張椅子、替桌上放一盆植物或改變筆記本封面設計，都能讓身心微妙地察覺到「變化」，進而刺激新的專注與創意。這種微型重設，往往比想像中更有效，尤其當你感到提不起勁時，試著換個方向坐或暫時移動到不同場域，也許思緒就能回神。

習慣十五　愛你所做

這並非逃避，而是運用環境作為提振心理狀態的媒介。當你主動設計一個讓自己舒服又有新意的空間，自然會對工作產生不同的感受連結。

(四) 用簡單任務啟動成就感迴路

成功是一種心理慣性。當你在一天之初完成一件事，即便是很小的事，也會產生「我做得到」的心理印象，這種自信會轉化為後續行動的動力。因此，每天早上刻意安排一件你擅長且能快速完成的工作，能讓你在短時間內獲得回饋與掌控感，形成一種心理的「正向迴圈」。

你甚至可以前一天刻意留下這件任務，作為隔日的暖身之用，像是簡報最後一頁的修飾、回覆一封預定要寫的信件或整理資料夾。這樣做不代表逃避困難任務，而是為了創造一個充滿能量的開端。

(五) 優先思考正面效益，再處理風險

當面對新的專案或調動機會時，多數人第一反應是考慮風險或失敗後果。這種思維雖有其保護機制，但也可能扼殺行動力。與其先盤點難題與風險，不如訓練自己習慣先問：「如果做成功了，會帶來什麼好處？」這不只是自我鼓勵，更是一種正向邏輯訓練，能幫助你重新界定事件的價值。

當我們先看到希望與可能性,再看挑戰與限制,就能在心態上保有前進動力,而非一開始就陷入防衛狀態。這也是許多高效領導者面對新任務時的共通特質。

(六) 不要讓「怕失敗」拖住你的腳步

人之所以害怕開始,是因為不確定結果,而這種不確定會引發對失敗的預設想像。然而,若能改變對「失敗」的定義——不將它視為否定自己,而是通往結果前必要的嘗試——那麼行動就不再困難。

在心理學中,「成長型思維」強調:錯誤並非終點,而是學習過程的自然一環。真正值得擔心的不是失敗,而是因為害怕失敗而什麼都不敢嘗試的那種僵化心態。許多創新發明與企業轉型的背後,都是一連串「嘗試——失敗——修正」的結果。如果你能夠養成面對困難時自我對話的能力,願意說出:「我願意試試看」,那麼你已經邁出了正向人生的第一步。

每一個正向的決定,都是對自己的承諾。從起床的節奏到辦公桌上的花瓶,從一首音樂到一件簡單任務,這些看似瑣碎的選擇,最終構成你的職涯狀態與心理能量。當你願意每天練習成為正向的人,世界也會逐步回應你的行動與態度。

習慣十五　愛你所做

3. 高效工作的關鍵

效率並非來自忙碌，而是源自有系統的安排與清晰的優先順序。當工作被妥善規劃，不僅能提升完成度與精準性，也能避免情緒耗損，減少反覆無效的疲勞循環。建立高效率工作的習慣，不只是職涯技能，更是一種生活哲學。

（一）讓條理性成為你的時間守護者

有條理的工作空間與思考方式，可以幫助你快速做出反應，節省無謂尋找與整理的時間。這不只是「整齊」，而是一種以邏輯安排資訊、資料與資源的能力。

舉例而言，當你需要處理一份簡報時，如果檔案資料四散於不同夾層，或相關數據未曾命名歸檔，那麼你花的時間就不再是創造，而是搜尋與焦慮。建立清楚的資料命名規則與版本記錄，不僅讓你當下輕鬆，也能讓未來的你感謝今天的準備。

條理化工作，也意味著每天為自己留出「整理的 10 分鐘」。這短短一段時間，用來整理桌面、歸檔文件、回顧待辦事項，便能為隔日鋪好清晰起點，進而提升整體節奏感。

(二) 將工作進行整合設計，而非分散處理

許多低效率，來自於工作內容的破碎與重複。例如，一天之中反覆切換專案、頻繁回應零散訊息，會讓腦力與專注力被不斷抽離，最終產出品質下降。

有效整合工作的關鍵有幾個層面：

1. 統合類型相似的任務進行批次處理

像是同一類的信件回覆、行政文書、報告撰寫，集中時間一次處理，而非多次分散。

2. 結合目標一致的工作

若你同時負責市場調查與客戶訪談，或許可以設計成一套互為支援的流程，透過一次性拜訪同時完成兩種任務。

3. 調整流程順序，優化能量分配

將耗神任務排在專注力最充沛的時段，將例行任務安排在午後或疲憊時段，讓精力與任務匹配得宜。

4. 制定重複工作的模組化處理方式

例如開會紀錄使用固定模板，或定期報表透過自動化設計減少人工作業。

整合不是為了追求「同時做很多事」，而是讓每一個動作更有邏輯、更有系統，從而減少資源浪費與時間摩擦。

習慣十五　愛你所做

(三) 善用簡化策略，聚焦真正重要的事

高效率的工作並不代表永遠要做得更多，而是懂得挑對該做的事，並以最有效方式完成。簡化策略的核心在於問自己幾個問題：

(1) 這項任務是否必要？若不做，會有什麼損失？
(2) 是否有更直接的方法能達成相同目的？
(3) 是否可以交由他人處理，或設計成一次性解決的系統？
(4) 是否在最佳時機處理？是否值得占用我當下最寶貴的時間？

透過這些提問，我們開始釐清任務的本質與其重要程度。舉例來說，當你要準備例行簡報，與其每次從頭設計，不如建立範本，省去大量編排時間；又或是，與其逐條回覆 E-mail，不如在信末預設常見問答連結，避免反覆解釋。

真正高效的人，並不事事親力親為，而是懂得辨別價值、優化流程與保留精力，讓有限的時間發揮最大成果。

(四) 持續優化你的時間架構與行動節奏

工作效率也來自對「節奏」的感知與掌控。人類的大腦並非設計來進行長時間不間斷運作，若未設定階段性的緩衝，反而會導致注意力斷裂與反覆修正，造成效率低落。

你可以採取以下幾種做法：

1. 番茄鐘法（Pomodoro）

設定每 25 分鐘專注工作，之後強制休息 5 分鐘，避免精神過度疲乏。

2. 三項原則

每天僅列出 3 件真正重要的任務，專注完成，避免被瑣事牽制。

3. 能量區塊法

根據自己一天中的精神高峰與低潮期，將創意、判斷、例行任務等安排在對應時段進行。

此外，善用行事曆不只是記錄，而是將每日安排視為「設計一段體驗」，讓你既能掌控節奏，又能保有彈性，避免陷入疲憊而混亂的狀態。

高效率的工作從來不只是技巧層面的問題，而是一種思考方式的養成。當你願意把工作視為一項可以被優化、簡化與有機整合的系統，你便不再只是「忙」，而是懂得為自己創造出有價值的輸出。真正的效率，不是速度，而是有意識地分配每一分注意力與精力。

習慣十五　愛你所做

4. 工作遊戲化

當工作變得沉重、重複且毫無創造性時，我們很容易陷入厭倦與倦怠。然而，如果能夠將工作視為一場充滿挑戰與趣味的「遊戲」，不僅能激發動機，也會更容易保持長期專注與熱情。這並非逃避現實，而是一種重新設計心態與做事方式的智慧。

（一）不是不嚴肅，而是更有效率的投入

「遊戲化思維」（Gamification）已被廣泛應用於現代管理與自我成長領域，其核心在於將遊戲中的獎勵機制、明確目標與挑戰設計，轉化為日常工作的激勵手段。當工作被賦予即時回饋與進展指標，人們便更容易進入「心流」（Flow）狀態 ── 也就是全神貫注而忘我投入。

舉例來說，德國科技新創公司 Blinkist 團隊每天在晨會中會保留 5 分鐘時間，讓成員分享自己前一天完成的「小勝利」──無論是解決技術問題、跨部門合作的進展，或是提前完成一項任務。這些微小成就不再只是進度更新，而是被視為值得肯定的里程碑。這項儀式感不僅強化了團隊的連結，也讓每個人持續感受到參與的價值與驕傲。

(二) 趣味來自參與，而非事本身的娛樂性

並不是每一項工作天生都令人興奮，但「把事情做得有趣」卻是可以訓練的能力。即便是單調的行政作業，也能透過挑戰自我時效、設計流程優化、或與同事進行非正式競賽的方式，讓過程變得更富活力。

關鍵在於，你是否能找到讓自己「參與其中」的切入點？比起冷冰冰地完成任務，更重要的是思考「我可以怎麼玩出變化」。這種心態的轉換，往往才是培養職場幸福感的源頭。

(三) 找出自己的興趣雷達，提升職涯遊戲適配度

當我們能將自身的興趣、價值觀與職涯選擇做出連結，就更容易在工作中找到樂趣與自我價值。這並不是單靠熱情驅動，而是透過有系統地盤點自我優勢與動機來源。

你可以從以下三個方向進行探索：

1. 技能維度

哪些任務讓你感覺得心應手、經常進入專注狀態？例如設計、分析、寫作、簡報。

2. 特質維度

你身上有哪些他人常常稱讚的特質？例如冷靜、細膩、善於溝通、富創造力。

3. 關係維度

當你與他人合作時,是否常扮演某種角色?例如協調者、傾聽者、領導者、鼓舞者。

將這些線索彙整後,你將更清楚自己在哪類任務中最有成就感,也能更有方向地尋找或調整職場角色,讓工作內容逐漸與興趣交集。

(四)轉換態度,有時比轉換職業更關鍵

許多人認為「快樂工作」的前提是找到一份理想的職業,但真相是——即使在看似夢幻的工作裡,也會有壓力、無聊與困難。反過來說,即使是在一份不起眼的職位上,若能重新定義工作價值、設計挑戰目標與營造成就感,也能讓人深感滿足。

將工作視為遊戲,並不表示我們不認真對待它,而是我們選擇以輕盈、彈性的方式來與它互動。這不僅有助於降低心理壓力,也讓我們更願意主動學習、適應與創新。

5. 工作的本質

在現代社會中,許多人對工作的認知仍停留在「維持生計」的層面。這種觀念或許在過去經濟壓力沉重、選擇有限的年代

合理,但放在當今這個多元而流動的時代,顯得過於狹隘。

如果我們總是將工作視為一種不得不做的負擔,那麼它帶來的只會是倦怠、壓力,甚至對生活本身的疏離感。反之,若能將工作視為人生實踐的一部分,它就不再只是日復一日的任務,而是一種通往自我成長的方式。

這樣的觀念轉變,並不意味著忽視工作的現實面,而是邀請我們重新思考「我為什麼而工作」。當我們將工作與個人價值、生活願景連結,它就不再只是計時賣力的手段,而是一種延伸我們理念、技能與影響力的場域。工作不需要是夢想職業才能令人滿足,而是能否讓你感覺自己正在參與一件有意義的事,哪怕這份意義很微小,也能帶來真正的成就感。

變化不是威脅,而是新的契機

在這個轉變迅速的世界裡,沒有人能長久倚賴單一模式維持競爭力。科技、制度、社會價值都在不斷演進,工作樣貌當然也在改變。過去認為穩定的職涯,如今也可能面臨重新洗牌,職位消失、技能過時、行業被重塑,這些都已成為常態。

與其抗拒變動,不如學會擁抱變化,從中尋找新的學習機會。這並非樂觀主義的口號,而是現實中的生存策略。改變未必會立刻帶來好結果,但如果能在過程中保持開放與彈性,通常都會逐漸找到新的定位。有時候,我們的機會恰恰藏在不得

習慣十五　愛你所做

不改變的情況裡。那些看似被迫調整的歷程，往往帶來出乎意料的轉機與突破。

將職涯視為一段可塑的歷程

在過去，人們習慣將職涯視為一條穩定、線性、可以預測的路；但現在的工作型態早已不同。我們不再需要將某一份職業視為終身依歸，反而應該學習將工作視為一段段可調整、可實驗、可再造的過程。這樣的觀念能減輕焦慮，並鼓勵我們在變動中持續更新自我。

當我們允許自己在不同階段扮演不同角色──可能是創業者、專業者、協作者、甚至暫停者──也就更能依循內在需求做出彈性的選擇。工作的價值，也就不再只有薪資與職稱，而是累積經驗、鍛鍊心智、拓展生活面向的綜合成果。

這樣的職涯觀不只屬於創意產業或自由工作者，也適用於企業內部員工。即便身在體制中，也可以透過主動提案、橫向協作或持續學習，讓工作型態更具主體性與自我認同。重點不是你在哪裡工作，而是你如何看待自己與工作的關係。

讓工作成為生活的推進力

當我們開始從「我必須工作」的角度，轉為「我選擇投入」的心態時，工作會產生截然不同的心理感受。它不再是壓力源，

5. 工作的本質

而是推進個人成長與實現生活價值的助力。從這個觀點來看，工作的意義也會隨之轉化——它不再只是支撐生活的工具，而是構成生活的核心部分。

當然，現實中並非所有人都能立即選擇理想職業，但我們可以選擇如何面對現有的工作。你可以在任務中尋找學習的機會，也可以在瑣碎中練習專注與責任感。即使在有限的環境中，也總有可能透過態度的轉換，打開新的縫隙。這些微小的行動，累積起來，會逐漸讓人感受到工作的回饋不只是金錢，而是內在的踏實與自信。

當我們不再把工作視為生活之外的附屬品，而是作為構築人生的重要材料時，我們將不再只是為了生存而勉強投入，而是因為相信它的價值而願意付出。從今天開始，嘗試與工作重新對話，也許你會發現，快樂的工作者，從來都不是因為他有一份輕鬆的工作，而是因為他選擇以不同的方式活出這份工作。

國家圖書館出版品預行編目資料

動起來！重寫人生劇本的 15 個習慣：目標導向 × 執行優先 × 智慧理財……一套改變習慣的訓練法，終結拖延、建立節奏，打造持久有效的行動力系統 / 林承澤 著 . -- 第一版 . -- 臺北市：財經錢線文化事業有限公司 , 2025.05
面 ； 公分
POD 版
ISBN 978-626-408-273-0(平裝)
1.CST: 自我實現 2.CST: 生活指導 3.CST: 成功法
177.2　　　　　　　114005718

動起來！重寫人生劇本的 15 個習慣：目標導向 × 執行優先 × 智慧理財……一套改變習慣的訓練法，終結拖延、建立節奏，打造持久有效的行動力系統

作　　者：林承澤
發 行 人：黃振庭
出 版 者：財經錢線文化事業有限公司
發 行 者：崧燁文化事業有限公司
E - m a i l：sonbookservice@gmail.com
粉 絲 頁：https://www.facebook.com/sonbookss/
網　　址：https://sonbook.net/
地　　址：台北市中正區重慶南路一段 61 號 8 樓
8F., No.61, Sec. 1, Chongqing S. Rd., Zhongzheng Dist., Taipei City 100, Taiwan
電　　話：(02) 2370-3310　　傳　　真：(02) 2388-1990
印　　刷：京峯數位服務有限公司
律師顧問：廣華律師事務所 張珮琦律師

-版權聲明-

本書作者使用 AI 協作，若有其他相關權利及授權需求請與本公司聯繫。
未經書面許可，不可複製、發行。

定　　價：350 元
發行日期：2025 年 05 月第一版
◎本書以 POD 印製